推荐序一

作为一名儿童教育工作者，当我拜读了这套“孤独症儿童教育转化新航线”丛书时，我对作者多年的实践和探索，不禁肃然起敬。

在当代，物质财富被极大地生产出来，人们对精神生活的追求越来越强烈。儿童成长需要良好的社会环境、学校的教育影响、家庭的关心支持。当前人口出生率／生育率下降，大数据／人工智能技术正在全面渗透每个家庭，儿童早期教育愈发受到重视。与此同时，儿童的学业压力加大，家长、孩子的焦虑上升，儿童心理健康教育和生命教育问题受到社会各界关注。2023年，教育部等十七部门联合印发《全面加强和改进新时代学生心理健康工作专项行动计划（2023—2025年）》，特别强调关爱学生的心理健康，提高学生心理健康素养。目前，我国孤独症患者已超1000万人，发生率一直呈现不断上升的趋势。孤独症是一类发生于儿童早期的神经性发育障碍，一般起病于3岁前，表现为社交障碍、沟通障碍等心理发育障碍，其患儿常被称为“星星的孩子”。它严重影响患儿的生活质量和社会功能，给家庭带来沉重的负担和难以承受的精神压力。许多家长苦苦探寻治愈之路，四处奔波寻求帮助支持，但现实常常让他们失望、沮丧。从业界得到的结论更多是“孤独症终生不可治愈”来看，孤独症已经成为一个世界级难题。

从北京第一实验小学退休的一级教师贺永红老师领导的实践创新团队，在将孤独症儿童教育转化成正常入学儿童这一领域，努力积累摸索了逾20年时间，近年又实地考察了北美的蒙台梭利教学法、大脑平衡康复法、华德福教学法，对比了地板时光等以行为主义心理学为基本原理的各种强化刺激、干预训练方法，先于业界归纳总结提出了自己的、具有中国独立知识产权、创新性地运用认知心理学与脑神经生理学公认的研究成果（脑神经网络的发育、分布、重组等基本理论观点），成功地推出潜能自然回归法——以人本主义心理学、脑神经科学、幼儿心理学、中国传统哲学为依据的，以“唤醒孤独症儿童自主意识下的主动行为”为核心目标的，系列心理学教育转化方法，以及课程、游戏、活动等教学辅助课件——取得了良好的转化效果和转化比率，给广大的处在迷茫或者绝望中的孤独症家庭带来阳光和希望。这一方法为从根本上解决孤独症这一世界难题尝试了一条新路。

本次推出的包含两册的“孤独症儿童教育转化新航线”丛书，乘教育部新增设孤独症儿童教育专业之东风，以朴实的理论阐述、翔实可操作的潜能自然回归通道阶段化描述与技术诀窍的披露，以简明扼要的“家长手册”、剖析焦点的家长教师问答等资料和点评，向孤独症儿童家长、大学相关专业师生、业界心理学教学科研人士、各界交叉学科的探索思考创业者，奉上了一套不多见的心理学与实践汇集的凝结之作。

我希望该系列著作及后续成果在不断完善、探索中，能够对中国博大精深的中医学有所借鉴，促进学术创新，拓宽研究思路；能够像播火者一样，在心理学界、幼儿教育界吹进一股化雨春风，能起到拨云驱雾、造福病童家庭之效果；并希望此方法能够引发共鸣，引起业界及全社会对孤独症儿童更大的关注，群策群力为国家出台相应的政策提供有益的参考；为中国孤独症儿童教育与预防、改善家庭教养环境、优生优育提供科学支持，走出一条切实可行的道路。

丛中笑　博士、教授

中国儿童中心原党委书记

中国家庭教育学会副会长

2024 年 3 日

孤独症儿童潜能自然回归法操作指南

孤独症儿童教育转化新航线

贺永红 贺 胜
[加]黄伊立 著

中国婦女出版社

图书在版编目（CIP）数据

孤独症儿童潜能自然回归法操作指南 / 贺永红，贺胜，(加) 黄伊立著. -- 北京 ：中国妇女出版社，2024.4

(孤独症儿童教育转化新航线)

ISBN 978-7-5127-2354-2

Ⅰ.①孤… Ⅱ.①贺… ②贺… ③黄… Ⅲ.①孤独症－儿童教育－特殊教育－指南 Ⅳ.①G766-62

中国国家版本馆CIP数据核字（2024）第015886号

项目统筹：廖晶晶
责任编辑：应　莹　王琇瑾
文字编辑：郭丽丽
封面设计：末末美书
责任印制：李志国

出版发行：中国妇女出版社
地　　址：北京市东城区史家胡同甲24号　　邮政编码：100010
电　　话：（010）65133160（发行部）　　65133161（邮购）
网　　址：www.womenbooks.cn
邮　　箱：zgfncbs@womenbooks.cn
法律顾问：北京市道可特律师事务所
经　　销：各地新华书店
印　　刷：小森印刷（北京）有限公司

开　　本：165mm×235mm　1/16
印　　张：14.5
字　　数：232千字
版　　次：2024年4月第1版　　2024年4月第1次印刷
定　　价：59.80元

如有印装错误，请与发行部联系

推荐序二

黄伊立博士邀我为他参与编撰的“孤独症儿童教育转化新航线”丛书写一篇序。作为一名在发展心理学领域从事多年科研和教学工作的海外学者，我对孤独症谱系障碍（ASD）的诊断和干预一直都特别关注。ASD 在儿童期的发病率相对较高，而且是一种复杂多样的神经发育障碍。患有 ASD 的儿童可能会面临各种挑战，包括社交和沟通困难、刻板重复行为、感觉过敏等。目前对 ASD 的治疗干预方法有上百种之多，可谓百家争鸣。这些干预方法包括认知行为疗法、应用行为分析、社交技能训练、交流和语言疗法、情绪调节和认知训练、家庭治疗、教育干预、药物治疗等。早期干预和个性化支持在改善 ASD 患者的生活质量和社会功能方面起着重要作用。

在神经生理学、认知心理学对幼儿大脑神经网络的发育和分布特性的研究日益取得进展的情况下，我欣喜地读到了这套“孤独症儿童教育转化新航线”丛书。作为一名心理学教研人员，我本不该妄为给另一跨学科的博士团队的专著写序，但是编撰者之一的黄伊立仅以他自学之初受我赠书并给予些许交流指导，就认我为师，且看到他们团队领军之人——贺永红老师跨世纪钻研直至花甲之年，一腔情怀投入解救“星星的孩子”的事业，让我不禁感到却之不恭而且也深为所动。不仅感慨有这样的退休华裔学者为解“星星的孩子”之倒悬，不远万里回居中国，十余年间往返奔波，为其团队的丰富实践操作经验整理出 30 余万字的一套书，更赞佩的是这个团队能在实践中摸索出一套整合人本主义心理学、认知心理学、脑神经科学、行为主义心理学有益元素的、独辟蹊径的教育转化方法。

这套丛书率先推进两册：第一册主要详述了潜能自然回归法——回归通道说实施的核心过程，并首次披露了大量的实施诀窍；第二册以直奔主题的方式通过家长教师问答展示了相关各界对如何促使“星孩转正”的探讨，对家长、教师最关心的问题进行剖析。为此，建议读者也可直接阅读该丛书的第二册，再根据需要来从头阅读全书。

到目前为止，ASD 被认为是一种伴随终生的神经发育障碍，尚无特效药物或疗法可以将它完全治愈。据此，早期干预和综合治疗措施致力于改善 ASD 患儿的生活质量，并帮助他们发展出更好的社交、沟通和适应能力，以获得最大程度的独立和自主生活能力。由于自我管理和学校适应是基础教育的重要目标之一，该丛书的作者将 ASD 患儿能否转为正常孩子的“正常标准”定义为“将这样的孩子教育转化成能够独立上正常学校学习的孩子”是比较妥当、客观的。

虽然当前对 ASD 的干预法不下百种，各种干预的侧重点也有所不同，但对于“干预要趁早”这一点是有普遍共识的。在儿童发育早期，大脑可塑性最高，儿童对教育干预和学习更具响应性。通过及早诊断和教育干预，可以在儿童的关键发展阶段引导、唤醒他们的主动行为意识并发展出更好的技能和能力，从而改善他们的生活质量，并最大限度地发挥他们的潜力。该丛书所代表的方法，从脑神经网络发育不完备，局部脑区发育错乱入手，设计相应的课程来调动、提升孩子的最大兴趣阈值，以此来打开他们的感知、情感之窗，促进其大脑发生变化，逐步达到生理、认知的同步均衡发育，在一定意义上为这一领域脑神经科学的进展，从教育转化层面提供了佐证。

该系列方法把核心目标定为“唤醒孩子主动意识下的自主行为”，并形成长期的主动行为意识（ABC），使行为与大脑皮层形成连接，而不是停留在刺激—反应的初级动作水平上。这使他们的方法扬弃旧有的行为主义的行为强化干预训练（ABA），与时俱进地发展为新社会环境下的、人本主义的 ABC。这种在脑科学研究基础上，系统性创造性地整合以往相关理论和实施教育干预，并强调人的主观体验、自我意识、个人成长和发展，从积极的角度看待和理解人类的行为和心理过程的方法是非常值得肯定的。

值得注意的是，任何一种治疗干预方法都会随着时间不断发展和改进。我们需要严谨的科学研究和临床实践持续推动这些干预方法的进步，以便更好地满足 ASD 患者和他们家庭的需求。虽然目前尚无特效治疗方法来完全治愈 ASD，但随着科学研究和检测手段的不断进步，我们对 ASD 的理解也在与时俱进。这套丛书及书中所述的教育转化方法无疑为科学研究和实践提供了一个新的视角；对持续关注和深入研究 ASD 及进行教育转化，从而最大限度地提高 ASD 患者的生活质量具有积极的促进作用。

祝愿 ASD 教育领域实践与创新再上层楼，取得硕果。这是一代教育工作者的共同心愿。

刘莫威　博士

加拿大多伦多特伦特大学心理学院副教授

2023 年 7 月 24 日

自　序

我叫贺永红，1957年出生于四川省蓬安县，22岁从蓬安县红旗小学（现城东路小学）踏入教育这个“太阳底下最光辉的行业”，最后从北京第一实验小学退休，从教40余年，获得过多项荣誉。秉承“小车不倒只管推”的精神，虽年过六旬，我仍然继续奋斗在教育岗位上，为孤独症（及谱系）儿童康复转化尽绵薄之力，且小有成效！

我是机缘巧合走上了这条路的。早期在小学做班主任的时候，班里总是时不时地有那么几个比别的孩子“特殊”的学生。他们在班里没有朋友，也不跟别人交流，学习起来也很费劲。当时我们国内还没有孤独症（及谱系）的概念，也不像现在一样入学前会进行筛查，一般就把这种孩子归于“弱智”。所以，这类儿童能够跟普通人一样上小学。由于他们各方面的能力总是相对落后，班里一旦有一个这样的孩子，老师就很头疼，觉得怎么努力教学都不见效果，都把这种个别生当“弱智”看待，同学也不喜欢自己组里有这样的同伴，因此师生均有一些歧视现象，导致这类孩子基本处于被放弃状态。看着孤立无助的孩子，作为班主任的我心如刀绞，出于同情心和责任感，决定要尽一切可能去挽救并帮助他们，不让班里任何一个同学落下。于是，我开始自学，大量查阅和参照国内外类似“差生”转化的案例，在方法上探索总结，试着改变他们，并且取得了很好的成效。曾经有一个孩子5年都需要补考才能升班，经过我的教育转化，他期末考了90分。这让学校领导和老师们都很惊讶。

退休后，我继续从事教育工作，在北京大学进修了心理学本科课程并取得了自考合格成绩，同时又自学了各大心理流派方法的运用，包括后现代心理学的学习和探索，升华了自己的教学方法。当然，我的精力大部分还是集中在一些学习注意力不集中、学习困难，特别是数学学习困难的孩子身上，将他们从班里的差生变成班里的尖子生。这样的例子不胜枚举。

后来，贺胜老师说服我："提升成绩只是锦上添花，但是改变特殊儿童却是拯救孩子的一生，挽救一个家庭！"这句话深深地打动了我，于是我放弃了过去学科教学积累的经验，把全部精力放在了孤独症（及谱系）儿童身上。在 20 多年的特殊教育转化过程中，随着案例的增多，特别是成功案例的支撑，我在一个孩子一个样的表现中，发现他们其实是有非常多的内在共性的，并且在逐步引导孩子走向社会化的过程中抓住了有章可循的规律。

在逐渐摸索和完善过程中，我总结出一整套方法，创立了潜能自然回归法相对完整的体系，并通过传帮带，培养了一个能够贯彻落实转化体系且技术过硬的"潜智树人"教师团队。经过十几年的摸索总结，伴随着更多案例的出现，潜能自然回归法康复过程中孩子的阶段性轨迹也逐步清晰。多年来，家长们都建议我把潜能自然回归法总结出书，便于他们能够理论化、系统化地学习。可我这个人"做"和"讲"不需要任何准备，但是写作确实不是强项。

2020 年，贺胜老师主动担任起了写作任务，总结整理出潜能自然回归法的理论和实际操作的阶段性成长转化过程，以及我多年实践出的关于孤独症（及谱系）孩子教育转化的方法等约 22 万字的初稿。他通过整理我给每个家庭的大量指导录音，编写了教育转化各个阶段的内容。又经王光亚老师推荐黄伊立博士的参与，在"潜智树人"团队的共同努力下将这些内容进行完善，最终形成如今的文字内容。

原本我们是想先按照理论、阶段性、问答这三个部分分上、中、下三册出版，后听取出版社意见把理论部分放到后期再出版。但是，考虑到直接进入阶段性转化的内容有些突兀，容易让人不明所以，所以我们将理论部分有助于理解阶段性转化的内容单独提炼出一部分放在每个分册的开篇，形成全两册的"孤独症儿童教育转化新航线"丛书。本套丛书的第一册主要阐述了教育转化过程中十几个阶段、六十几个时期及特点；第二册根据日常工作中遇到的具体情况，整理出教师和家长的常见问题及解答。

借此篇幅我想表达一下对我的儿子贺胜老师的感谢，他于北京航空航天大学毕业以后放弃高薪工作，和我一起投身特殊教育事业，与我共同创办了“潜智树人”，并对本书的出版投入了大量的时间和心血；感谢黄伊立博士能够应邀参与，让“潜能自然回归法”整理成书，并积极推动出版；感谢做协调工作的王光亚老师，她起到了重要的不可替代的作用；还要感谢我亲爱的团队里面的每一位成员、战斗在一线的“潜智树人”全体老师，以及胡嘉老师带领的资深团队，让潜能自然回归法实施到位并收到这么好的效果！非常感谢中国儿童中心原党委书记、中国家庭教育学会副会长丛中笑教授和加拿大多伦多特伦特大学心理学院副教授刘莫威博士，对我们的理论与实践成果的肯定和支持，并为本书推荐写序；更要感谢中国妇女出版社副总编辑廖晶晶带领编辑团队对我们的支持和鼓励，让我们能够为更多孤独症孩子和焦虑无助的家长做一些力所能及的事情——是你们所有人的努力使得我们的这套书得以面世。

希望我们多年的探索和经验能够解救更多的“星宝”，同时能够帮助更多处在困境中的家长。今后，我将继续努力学习探索和改进方法，希望能够更好地为社会贡献微薄之力！

贺永红

2024 年 1 月

前　言

对于包括孤独症（及谱系）儿童在内的所有儿童而言，最大的外部环境就是家庭环境，最直接的影响因素就是家长。回顾整个孤独症（及谱系）儿童的康复历史，几乎都仅想着从孩子的行为动作入手，而忽略了孩子的心理变化和家庭环境氛围对孩子的影响。我们看到了这一空缺，除了在课堂上用特殊的游戏方式入手去感染和影响孩子外，我们还强调要改变家长的教育观念。因为孩子在进入各个阶段之后，状况是变化的，那么对于家长的要求也应该是动态对待和配合孩子的变化。所以，家长的改变也是至关重要的。

方法应该随着最新的科研成果而升级

传统的行为强化干预训练方法，主要依据是以动物为原型的行为实验。但孤独症（及谱系）儿童所缺失的核心问题是语言—认知—社交。心理学发展更新迭代，而潜能自然回归法不仅运用了行为主义心理学，还运用了认知心理学、人本主义心理学、儿童发展心理学，也借鉴了镜像神经元理论。其中，人本主义心理学作为潜能自然回归法最重要的核心思想，其本身已经发生了天翻地覆的变化。

20 世纪 90 年代的研究发现，人类在学习语言的过程中是通过概率统计的方式习得的，并且通过对处于语言发育阶段儿童的观察实验，验证了这一发现。

既然人类是通过概率来分析并习得语言，那么简单机械的强化重复训练方法，导致一堂课下来所有音节组合出现的概率都是完全一样的，让孩子无法通过概率语言来筛选和学习。这种死记硬背的刻板记忆，即使是正常儿童也不容易学会啊。

同样在 20 世纪 90 年代，镜像神经元理论创立，虽然因为医学伦理原因无法在人类身上做实验，所以学界对此理论还存有一些争议，但是通过在人类的近亲猩猩身上的实验，结果也没有被证伪。这个理论简要来说就是每个动作，包括语言发展，不用一点点分拆式地去教才能学会。如果不能学会，那么只要不是器质性问题，大概率都是脑神经连接出了问题，这是由认知心理学和脑神经生理学研究证明的结论。同时，镜像神经元理论还告诉我们为什么人类有共情现象，比如：当同伴开心的时候，我们也能感受到快乐；当同伴哭的时候，我们也能感受到悲伤。这一切都是建立在自我意识产生、原始功能退行的基础上的。我们说，孤独症（及谱系）的产生就是发生在个体由原始性向自我存在性转化的过程中。我们创立的回归原点理论，就是建立在孤独症（及谱系）儿童的这一共性基础上对成功实践的总结。

相反，观察那些经过长时间传统训练后的孩子，他们中有些人会有面部扭曲或行为怪异等问题。传统方法总认为完成任务式地拉着两个孩子握个手、换个东西就算社交，可这样做，孩子并没有情感上的反应。很多人恰恰忽略的就是社交的基础，即共情。我们在任何环境下看见陌生人，如果这个人没有呈现情绪变化，没有表现出笑容和友好，我们大概是不会有跟他交流甚至做朋友的欲望吧？本来哭是一个孩子的真情流露，是声泪俱下的哭，笑是由衷的开怀大笑。可训练出来的孩子，笑是刻板的假笑，即使不开心，哭也是没有眼泪的干号。对于这些孩子来说，最大的悲哀不是得了孤独症（及谱系），而是被刻板地训练成了机械表情的样子，加重了刻板程度。在创新实践过程中，我们认为时代在向前发展，任何好的方法自然应该随之调整，与时俱进，守正创新。

同时，我们也会在将来的教育转化实践中继续努力，争取探索研究出进一步的孤独症（及谱系）儿童社会化程度更高的成果。

潜能自然回归法的不同

我们认为要想教育转化孤独症（及谱系）儿童，首先要以正常人的角度去看待他们，搞清楚正常儿童怎么习得、提升、应用语言，怎么认知，为什么要社交，怎么获得社交技能等。而不能简单机械地训练他们，甚至逼他们简单重复地去模仿。只有这样才能够帮助到这些孩子，让孩子逐渐回到正常儿童的轨道上来。这也是本方法与传统行为强化训练方法的根本区别。

大脑运作基本靠的是电化学信号，康复方法必须顺应大脑的工作模式，才会产生多巴胺与内啡肽等化学信号，激活整个脑神经网络，让孩子获得成就感与满足感，愿意去进步成长。这整个过程的前提就是我们课程核心的“先跟后带”。

下面就通过孤独症（及谱系）儿童最核心也是家长最关注的语言—认知—社交，来简明阐述潜能自然回归法相对于传统方法不一样的观点和处理方式。

语　言

关于语言，很多人认为孩子不说话是嘴部肌肉和气息的问题。这是人们的认知出了问题。为什么会出现这种现象？归根结底是对于语言的含义产生了误解。人类的语言是用来表达自己思想的，是社交的工具，而不是无意义的发音。其实对着空气或者对着卡片叫妈妈，和对着妈妈叫妈妈是不一样的概念。哪个是真正意义上的语言是不言而喻的！因为交流的欲望才是语言产生的前提。

潜能自然回归法之所以要体现“自然”二字，是因为目前已经知道人类是通过概率分析学习语言的，即语言是通过积累和自然习得的。虽然孤独症（及谱系）儿童因为某些原因错失了语言的关键发展期，但依然是自然习得的方式最适合人类大脑。他们可能会比适龄儿童发展得慢，但这确实是现今状况下最有效的方式。

所以，我们采用先跟后带的方式，与孩子产生同频共振——不是让孩子跟着老师的节奏，而是老师跟着孩子的节奏。这种方式能够让孩子放松、放下心中的防备，所以要先跟；放下了防备，老师才能去带他们的节奏，而且他们也才会愿意跟着老师的带领逐渐走出来，即后带。

这是第一步，即解决愿不愿说的问题。可能这些孩子在成长过程中由于家里溺爱照顾得太好了，孩子根本不用说什么家长就一应俱全地搞定了，造成了孩子没有必要用语言传达需求。也有可能是，孩子长期被家长严格地纠正，自己的想法得不到认可，造成他不愿意表达自己的意愿。不管哪种情况，我们必须先解决孩子愿意表达的意愿。前提是激发孩子的情感，让孩子有能力表达感情，继而产生共情。能够与人共情的感情表达是社交的基础，有了感情才有社交的欲望，才会出现社交语言。老师要抓住这一闪光点给孩子及时、适当的鼓励，而不是急于去纠正发音不准、表达意思不准的问题。

第二步是能不能说的问题。语言是大脑各脑区相互配合——有组织语言的，有控制肌肉的——最后通过发声器官的肌肉群协同发出来的。所以，正常的课堂场景可以刺激组织语言的威尔尼克脑区，再通过课堂上老师的善意模仿、镜像互动等方式调动控制发声的布洛卡脑区配合，让孩子在放松环境中不知不觉、自然而然地产生对语境语言的理解，以及对中心词的尝试性表达，逐步实现语言的准确性表达。

第三步是说得好不好的问题。这里就牵扯到复杂的认知，只有认知提升了才能组织更复杂的语言。同时还牵扯了社交方面的内容，孩子想扩大自己的社交圈或者在社交圈内提升自己的地位，才会在语法和语义等方面继续进步。

三个步骤都是在内在驱动的情况下才能够完成推进。而传统强化训练方式一开始就要求孩子字正腔圆、语法完整。我们曾经亲眼见到一个孩子看见香蕉想吃，说“香蕉”，并且上手去抓。老师的第一反应却是迅速把香蕉举高并对孩子说：“说——我要吃香蕉。”而这个孩子在多次无果的情况下选择了放弃——不吃了。这不但打击了孩子当时为了得到香蕉而表现的积极性，而且没有达到老师想让他完整表达的效果，还将孩子说话的意愿打压了下去。

“我”是代词，“要”是连词，“吃”是动词，“香蕉”是名词——孩子都还没理解这些词的意义，发出这一串音有什么意义？从人类自然进化的角度看，经历几十万年人类才进化出语言及学习语言的过程，形成了对于肌肉控制的编码。这个过程的复杂度超乎想象，我们也只能去利用、顺应这一过程，而不是想着去改变。逆天而为只能把原本有序的编码搞乱，孤独症（及谱系）儿童问题的根本是肌肉控制出了问题，根源是编码错乱。

因此，解决这些问题相对快捷的方式是：遵循“先解决有没有，再解决好不好”的原则。

认　知

认知其实不是单独存在的，是和语言螺旋上升的一个发展过程：伴随认知提升，语言的丰富度才会提升；认知提升与社交的欲望和能力的提升是相辅相成的。认知是对感知的事物的理解和思考，而不是简单的认卡片。有个家长说：“我的孩子认知没问题，在某某机构学习认识了很多卡片。”但奇怪的是，当我拿出相应的实物时孩子却不认得。这种机械式学习造成的结果就是，孩子对着卡片叫妈妈，见了妈妈反而不知道是妈妈了。还有一个爸爸给孩子一根剥开一半皮的香蕉，孩子说是玉米，原因是卡片上的香蕉是没有剥皮的。

这两个孩子都是我们这里的真实案例。对于第一个孩子，我们也搞不懂，妈妈就在眼前，天天见得最多的就是妈妈，为什么还要管卡片叫妈妈。第二个孩子就属于认知维度没有上来。

人类认知外界是通过五感：形、声、闻、味、触。认卡片看上去只有形和声，少了三个感觉，但是形和声也不完整。人是三维视觉，卡片只能提供二维图像。所谓的声也只是听老师的声音。可见，孩子通过此种方式对于事物形成的最基本的认知是不完整的。

香蕉也好，苹果也罢，看上去什么样子，吃起来什么味道、口感，闻起来什么气味，摸上去什么手感、温度和重量，吃和摸起来会发出什么声音——这才是人对于一根香蕉或一个苹果的全面认知。它依据的是认知心理学中“记忆的多维存储理论”。这种认知是可以独立判断的，比如只通过尝就知道是香蕉还是苹果。同时，完整的认知是可以相互印证判断的，比如一直见的都是红苹果，给孩子一个青苹果，除了颜色对不上，其他感觉都能对上，孩子可以通过已知条件判断出这个是苹果，并且还知道苹果可以是青色的。这才是完整的认知。并且，孩子经验提升了，还会发现哪种颜色的苹果大致对应什么样的味道。

一个简单的吃苹果的例子就能说明认知是什么。认知是一个通过自身学习及总结经验，融会贯通，能够应用，且不断改进的过程。认知有一个大脑加工的过程，在生活和学习、工作中失败了会总结失败的教训，成功了会保留成功的经验，能够自我不断迭代提升。

社　交

孤独症（及谱系）的核心问题就是社交，语言和认知都是为了社交服务的。人是社会性动物，而且我们的祖先因为成功将社团规模突破 150 人，从而在众多古人类中脱颖而出，甚至能够建立几十万乃至上百万人的协同工作。社会科学是一门相当庞大的学科，我们每个人都是社会齿轮中的一分子，可能作用不同，但是都要参与到社会齿轮的转动中来，不是简单的握个手和机械性问声好就能解决的。

比如，传统强化训练方法让孩子选东西必须选一个，且只能选一个，然后说孩子会选择了。这种只走形式的选择没有实际意义。无欲无求的孩子刚开始就是不会选择，或者有了情感的孩子没有喜欢的东西也可能不选择。孩子不会选或者不选，我们也要尊重他们。接受了我们的阶段性转化的孩子到了后期（膨胀期），可能什么都想要，我们也要前期先满足孩子对外界物质的欲望，等后期孩子建立了“物权意识”之后，再按步骤逐步“收网”。

比如，有的人认为：让孩子跟别的孩子或者老师交换手里的东西，孩子就是会交换了。甚至为了交换而交换，塞给孩子一个东西让他去交换。这种所谓的交换是没有实际意义的。真正的交换，是孩子对于自己和对方手里的东西有了价值判断，同时认为自己不亏，才会发起交换。孩子自然而然地不会自己吃亏让着对方，发展到更高境界时自己和对方都能从交换中各取所需。

选择也好，交换也罢，看似平常的行为背后牵扯到欲望、胆量、认知等诸多能力的综合体现。也许做做样子的选择和交换在传统强化训练方法里就算很成功的社交了，但在我们的体系中只是开始。因为这样孩子还不足以融入社会。

真正的社交需要有朋友，有圈子。交朋友起码要学会取舍，社交欲望会驱动孩子去学习提高自己，圈层这个概念在孩子中也是有的。孩子的特点是任何时间、任何地点，不管认识不认识，一会儿就形成一个小圈子，自己参与其中玩上了。那么，每个圈子中的孩子必定是爱好相当、能力相当的。

比如，一个圈子里的人都在聊奥特曼，孩子想融入至少也要了解奥特曼，才能够有共同话题。他如果去和圈子里的人聊汪汪队，他在圈层上就与其他人差了一些，混不进这个圈子。想踢球，他也只能跟水平差不多的孩子踢，想跟踢得更好的孩子一起，自己就要加紧苦练提升踢球水平。

潜能自然回归法不用终生训练

潜能自然回归法系统、整体地关注孩子发展，让孩子进入到正向的积极良性循环，为了社交自我提升、自我学习。谁都想上红榜、当着全班的面被表扬，因为被关注成为焦点是社会化人类的天性。良性循环中的孩子知道此时此刻应该做什么，所以这些孩子将来在校园里的人际关系、学习都不用家长过于发愁。这符合马斯洛需求层次理论中，人类个体为了改善生存环境的内在动力说。

电脑有电脑的运行法则，我们需要掌握电脑的语言才能够让电脑发挥出全部的功能，输入错误的语言电脑也会报错。人脑有特定的模式，妄图违背它工作模式的方式去强行训练它，结果就是终生训练。任何训练都必须符合大脑的工作模式，才能让它回到正常的发育路径和顺序，才能进入良性循环。

毕竟，贺永红老师最开始就是从让这些孩子逐渐接近正常儿童，进入良性循环开始，使自己逐步进入这个特殊行业的。这样的经历、这样的高度也是传统强化训练方法无法达到的。

拿所有家长最关心的孩子语言发展举例，基本上所有家长最开始去医院给孩子做检查都是因为语言发展落后于一般儿童。真正用于人类社会交流的语言，在自然回归过程中，一般是在孩子经历过“动物性”的复演后，向

“人类社会性”回归时才会出现的。

同时，我们也不赞成那些只追求几个字的语言功能表象的、急功近利式的语言训练，这不符合正常孩子发育的规律。就像在荒地上插上没有根的花，那样的语言是无法存活的，因为它不是主动意识下的语言，不能作为交流沟通的媒介。这样的语言连起码的工具性也没有达到。

初期，可以简单地说“语言只是个工具”。而且语言发展是被生存需求和社交需求驱动的，是随着认知的提升而提升，是相辅相成的。这么多年来在一些传统的训练方法中，语言训练就是单纯的训练发音，是鹦鹉学舌，是复读机，是称不上人类语言的、没有主动意识下特定含义的声音，不是自主语言。没有认知作为支撑和明确的社交目的语言，只能叫发音，就是孩子不断地被训练，终于发出了那些类似的音节而已，孩子根本不知道自己说的是什么。伴随着孩子的认知发育，语言隐含的是提升所有方面认知过程重要的核心技能，是智力发展的远程运载火箭。一个孩子如果不能跨上真正意义的语言台阶——发展出有含蕴的语言——他想得到以后更高阶段的认知发展几乎是不可能的。(哑语也是一种不用发声就能完成社会交流的有含蕴的语言，由此可见，发声并不完全等于语言。)

语言在潜能自然回归法中也是水到渠成的事，是穿插在所有康复转化阶段中的，是和孩子整体能力一起提升的。只有有了对认知理解的表意语言，才能算是自主语言，才能用于社交功能的发展。所以，我们的阶段成长课程中没有专门脱离实际交流的语言训练，都是在与孩子互动的过程中，在孩子和老师共同语言环境中发展孩子对事物的认知和语言的。同时，我们非常重视对模仿能力的启发和培养，而有效的模仿力又建立在萌发自我意识的基础上。因为只有在模仿力的推动下，孩子才可能诞生出水到渠成的语言，以及后续功能更为复杂的重要学习过程。这可能会让有的读者和急于求成的家长很失望，但是如果忽略所有的基本功能的发展来专注语言训练的话，就会无形中阻止孩子的多方面能力同时发展的步伐。因为这不符合自然规律，孩子会出现过多大脑资源被所谓语言训练所占用，而耽误其他方面发展的问题，可能会造成其他刚刚启动的功能又出现退步的现象。

因此，建议对孩子的转化要有整体观，要有全方位且因人而异的配比课程设置，最主要的是尊重个体化的成长规律，同时又与符合共性化的成长规律相结合。切忌碎片化地追求眼前的行为动作的训练，如果孩子没有主动意识，即使有了一些行为动作，也是不能根据具体场景和不同的人与事物变换的。而社会是变化的，牛头不对马嘴的交往是无效的，社会功能不仅仅是说几句话，还要会解读对方的意图、友情、善意还是恶意等，从而才能提高社会交往活动的有效性和安全度。

为了能够达到逐渐接近正常儿童的社会功能，孤独症（及谱系）儿童需要接受一系列潜能回归的教育转化课程，同时还要经历约十个阶段性成长和六十几个时期，波浪式前进、螺旋式上升的潜能回归过程。由于在这些过程中大多数孩子出现的问题和状态都比较相似，因此我们形象地称之为“潜能自然回归通道”。需要申明的是，这些过程及通道，是孩子的潜在能力被激活启动自然而然形成的，是非人为的。不是任何人能够脱离孩子本身的状况而人为操纵的，它是孩子潜在的能力启动以后的，相对有共性的一些现象及表现，就好像在自我检测、自我修复的阶段，我们发现一旦被人为地干扰，就会出现徘徊不前的现象，直到排除或者冲破这种不利于前进的外力，比如贺老师苦口婆心劝说家长不要不顾孩子现状一厢情愿地去训练，才会继续跨越未完成各阶段的台阶向上迈进。

那种反复机械训练的方式是与潜能自然回归法不相容的，一旦形成不假思索的习惯性行为，容易产生对大人的依赖性，不利于孩子自主意识的建立！

本系列丛书对此有比较详细的阐述。

目　录

Q 问题 1

根据什么原则和特征收治孩子？

有的家长问我：“贺老师，当那些已经被某些大医院、机构宣布需要‘终生干预’的、似乎已经没救的孩子被送来时，您是根据什么原则或特征判断可以收下他们？”

一般家长来之前都会带孩子去各大医院检查诊断，只要检查结果证明大脑不存在器质性的改变，即孩子不是脑瘫儿、唐氏儿，没有脑外伤引起的脑损伤，而且尽可能在“黄金窗口期”的年龄之内，我的基本判断是可以收的。同时，我们还有一个 10 天的观察期，观察孩子是否属于我们可以帮到的范围；家长也是一样的，观察我们的方法是否适合自己的孩子。

虽然有的孩子第一次见我时，表现为严重的孤独症的症状，不与我对视和交流，问他什么也没有任何反应，但是在我和孩子妈妈的交流中，孩子知道我对他的解读很符合他的想法，我不像其他机构的老师一上来就否定他（敏感的孩子对家长说他，全部都能理解）。孩子能判断“这个人不是恶意的”，他会逐渐地对我产生一丝的“好感”，用余光看着我，也看着他的妈妈，后来就躲在妈妈后边，同时在打量我身边的老师，他其实在揣摩老师“是好人还是坏人”。

他为什么这个时候偷看我一眼？他的眼睛亮了一下，他一直屏蔽你对他的信息输出，就怕你评判、教训他，就怕你对他进行训练，就怕你对他进行一套训练模式跟踪。那么他在躲避的同时，也在打量你。因为他看我对他并没有那样做，他要看这个人对他到底是恶的还是善的，这一瞬间，他大脑中情感控制是开启的。这一瞬间开启、判断完之后，马上又关闭了，这是因为：一方面他看我是善的，对他目前没有什么威胁；第二，“谁知道你是不是披着羊皮的狼，如果我这会儿就理你了，你接下来是不是又开始对我穷追不舍？”他的内心其实不像常人所想象的那么简单。

就在孩子看我的那一瞬间，我发现这个孩子的眼神中有灵性的闪现，一般情况我就当即决定“这个孩子是可以收的”。其实这就是交流，在这短暂的接触中，我发现孩子已经处于过度地保护自己，已经将自己“包裹”得太久了！也许这样发生在一瞬间的交流对接，就可能是孩子回归正常的一个契机，因为孩子也不愿意包裹、封闭自己，他十分渴望有人能够理解他，帮助他走出自我封闭。从后来的结果看，就因为这一眼，给这些孩子创造了一次回归正常的机会。

那些从眼神到语言任何交流都没有的孩子，是最严重的。有的孩子刚来的时候，他妈妈跟我聊了 40 多分钟，但他对我的态度是非常回避的，躲在妈妈后边，进了教室他就跑到旁边去，但是他又怕妈妈走，所以就在旁边能用余光看见他妈妈的地方，其实他余光也看得见我。

最后，他躲在妈妈的身后瞄了我一眼，就在我和他对视的一瞬间，我看到他的眼神特别闪亮，那一瞬间——在之前我还不敢确定，就这一眼我决定他是可以留下来的、“是可教的”，然后他妈妈就有点半信半疑。

Q 问题 2

怎样看智力与智商的区别？孤独症孩子的智力低下吗？

这里我要区别一下概念：智力与智商。通俗地讲，智力是孩子大脑可具备的功能，智商是孩子当前开发出的功能与同龄的孩子应有的智力的平均值之比，是一个比值。智力和智商在这里应该是有区别的。智商是孩子大脑开发的程度，但是有些家长理解出现偏差，按照自己的理解“加大智力开发”，反而走偏了。

所谓的智力低下，跟大家认为的是不一样的。一些家长认为所有孤独症（及谱系）孩子智力都是低下的，其实其中大部分孩子只不过是“智商”出现了问题，他们的智力并没有问题，因为智力是由他们自身大脑的物理结构决定的，他们中大部分都是高智商家庭的孩子。智商和智力是有区别的，尽管智力低下往往是用智商来说明问题。比如，我已经 3 岁大了，但是我的智力程度达不到 3 岁，用智商来标志我现在的智力程度和同龄孩子所应该有的智力程度的商数，得到一个低于正常值的比值。智商有问题不代表孩子的智力本身有问题，可能是因为开发得不够或者不适当，导致他的智商在这个年龄段与正常孩子存在差别。

智商又类似一个有效的编码系统所展现的结果。对一个大脑没有器质上的病变、没有物理损伤的孩子，“智商”只是某次测量的结果。他应该或能够记忆多少，应该如何识别各类记忆存储在什么地方，他调用这些记忆有多快，还有对记忆的联想有多广、组合有多快等，智商能反映这些，却不能反映他的脑子在器质上有没有什么变化，只能反映他脑子的开发程度的综合水平——工作效率，有无建立起完善、高效的编码系统。其实，一个人的智商只是表明他的智力开发的成熟度。构成他的智力的元素，即物理上这些素质的东西、素材都在，你开发得不够，他大脑的工作效率就较低，实测到他的智商当然就低了。

但是，这种开发又跟常人理解的、社会上宣传的那些“开发”有很大的不同。有的家长认为是开发得不够，所以回家就可着劲儿开发，文化学习层层加码，刚开始可能还能看见一点效果，比如，能说几个简单的字词了，或者能认几张卡片了，家长就误以为很见效。于是就加大力度，增大信息量和刺激强度，时间长了可能会使孩子“不堪重负”，反而会出现孩子的自闭程度更严重的现象。因为孩子本来就形成的发育迟缓是禁不住高强度训练的，会引起孩子的一些莫名其妙的“刻板行为”。家长理解的这种“开发”经常是被广告误导的，和真正科学地开发孩子的大脑是不一样的，这是家长理解的一些偏差。家长又很容易出现偏差，甚至偏执，导致“不良的教养环境”，所以我们要在这方面厘清概念，推行良好的家教环境。这一错误做法的根源要从“意识脑区、记忆连接、与实物的对应”来解释。

Q 问题 3

对刚收进来的低功能孤独症孩子，如何使他们打开自闭？

有一个孩子属于低功能孤独症，2 岁多来的，头型出现“菠萝状的凹坑”，凹坑也比较深（估计是由从小不当的教养所导致）。从家长发来的视频可以看到，家长在家里训练他吹东西，但是吹东西不是这个孩子目前的强项。因为家长执意要“提高”孩子吹的能力，又不知道适当的训练方法，所以往往训练过度了，给孩子造成很大的心理压力，甚至不断地使孩子形成挫败感。孩子心里很委屈，感受的是：“你让我吹，我不行，你还让我吹，我永远也吹不好……达不到你们的要求。”最后孩子只能把自己封闭起来，让家长“没罐子可摔”，更别说“破罐子破摔”了。

正因为如此，对待刚收进来的孤独症孩子，不论是“高功能”还是“低功能”，我们对家长做工作的一个共性就是“做减法”。而对低功能的一个特殊、针对性的做法就是，把“无聊的陪伴”变成“耐心的发现式陪伴”。要求家长努力做到变“无聊”为“有聊”，在每一步共同的活动中甘当绿叶，让孩子获得成就感、愉悦感，使孩子的“无聊的动作”变成“有趣味的活动和动作”，使孩子感到“我这样一个非常小的举动，竟然得到大人那么大的肯定啊”——这种甘当绿叶去陪伴和发现的举动，我们受过专业训练的老师往往做得比较到位。首先，要让孩子感受温暖。老师的陪伴让孩子感到老师在与自己“同频”——“我觉得有兴趣的，老师也觉得有兴趣，令我高兴的事情，老师也感到高兴”，这样就刺激孩子相对容易产生多巴胺——内驱力，使孩子自己启动追求更大的愉悦感和再次寻求“同频互动”的欲望。这种愉悦感是出自孩子的内驱力，老师要和孩子同步，孩子就会觉得当前做的活动“有趣味”。对于低功能孩子，能不能产生愉悦感是一道“坎儿”，当把外在的刺激变成孩子的内在需求时，孩子就产生了变化的驱动力。我们说的刺激量小，不是指外在的刺激量小，而是孩子自身关闭、限制了外界的信息刺激输入，我们做的就是把被动的外来刺激变成孩子的主动需求。

Q 问题 4

对待低功能和高功能的孩子，策略是不是相反的？有没有共性？共性是什么？

共性就是要求家长做减法，低功能和高功能都不例外，这是共同的原则。但是对低功能，就增加孩子和他人的交流与理解，毕竟这类孩子和高功能特点是不一样的。对低功能孩子，更多的是把家长认为无聊的陪伴，转化成一种能引起孩子兴趣的耐心细微的发现式陪伴。因为低功能孩子的关注点往往被要求过高的家长不屑一顾，有时候家长总是恨铁不成钢地帮助孩子创造一些惊喜或者兴趣点，但这么做的结果往往是事与愿违，到后来可能会发现孩子更加退缩，家长会误认为自己给予的刺激强度还不够，于是就变本加厉，结果可能会更糟——形成了一种依赖，于是还真有可能走向“终生干预”这条不归路。家长对孩子的陪伴，一旦使他跟不上，往往是一点跟不上，接下来将会越来越跟不上，就会造成“一步跟不上，步步跟不上”的恶性循环。孩子可能就会自我否定，更加封闭。所以这个时候家长先要把心态放平和，与我们的课程目标一致，逐渐跟孩子去对接，要去把“无聊陪伴”变成“有趣陪伴”。要想使不太有兴趣点的孩子感到趣味，首先要有耐心。家长要是没有耐心，过于急躁，你的努力就变得没有趣味了。即使你把活动搞得“有趣味”了，孩子也会受打击。他觉得“我太无能了”，他会认为“老师或妈妈想了那么多的办法，我都不会，我真是个没用的人”。所以有趣味是后期的事，前期是耐心，再无聊也能够从心里接纳，最后使孩子自己感到有趣味了，家长的陪伴也跟着有趣味了，家长的前期陪伴就基本成功了。

Q 问题 5

家长如何将无聊的陪伴变得有趣味？

我们的特色做法就是家长要跟孩子同步，当他感觉到你在接纳他，努力和他同频的时候，他才能够逐渐走出“自我否定”的误区，他才能感觉到自己的行为是有一点意义的，渐渐地他也能感受到自己参与的游戏是有趣味的。

比如，假设这里有一朵花，孩子刚来的时候，经过花时，对花视而不见，慢慢地他就注意到这儿有一朵花一样的东西，还能看到这颜色好新鲜，然后接下来他就“发现”花可能是插在一个树枝上，为什么要插在树枝上？因为花应该是植物开的花，后来他有可能把花样的东西闻一下，还表示出感觉到它很香，然后有可能戴在头上……他在一步一步地试探、发现新的感觉。

这时候我们要做的事情是：对他的每一步“探索”，都给他一个非常好的肯定，他觉得“我这么一个小动作，怎么能获得老师那么大的肯定”，他就不断地获得了一种由探索产生的愉悦感，就会寻找更有愉悦感的事情去做，会更加开动脑筋，围绕那朵花他可能就会做出更多的花样来获得愉悦感。或许不经意间，他会画出与这朵花很像的图案来，这说明他需要获取更大的愉悦感，并为之努力！对！就等于说给了他正向的刺激，其实刺激了他多巴胺的分泌水平，有利于产生追求更大的愉悦感的欲望，这种欲望叫“内驱力”，就会在他身上产生持续的变化。

这种来自趣味性的“内驱力”，是孩子进步的动力源泉。但这种趣味性不是我们老师或家长给他创造的趣味，而是我们去陪伴和巧妙地引导他，当他哪怕有一点点和之前不一样的“新意”时，我们就马上肯定他、夸奖他，让他自己感到趣味、产生愉悦感，他才能够提高多巴胺的水平。归纳为一句话就是，始终鼓励他的每一个细小的探索和差异，让他自己产生趣味感，创造愉悦感，而不是人为外在地给他设计出“趣味”的活动。这样做他才能真正接受，才会变成他的自主行为和动力源泉。

低功能孩子往往在产生愉悦感上面有一道坎儿，怎么样能够让他感觉到老师陪伴他，始终跟他在同频？那就是让孩子感到“我喜欢的事物，老师也喜欢，我看到的，老师也给我鼓励”。这样的话，就会逐渐地帮他越过没有愉悦感，或者很难产生愉悦感的这道坎儿。这是最难的地方。其实低功能孩子是“正向刺激量小了”。有人认为刺激量小了，那我们就增加刺激量吧，于是就搞出个“强化训练”，这样可能会适得其反，让本来就跟不上“趟”的孩子像絮茧子一样把自己包裹保护起来。其实这个刺激量小了，是他允许进来的刺激量小了，真正的原因是他自己控制刺激量，是他把自己限制了、封闭了，不愿意外面的刺激量、刺激信息进来得太多而造成的。因此，前期的刺激量一定要适量。

当孩子有了内驱力，当他有了喜欢的物品，他这个时候就敞开了，把追求刺激，或者叫追求愉悦，变成自己的需求！

这样比较起来的话，高功能孩子的第一阶段跟低功能的处理就不一样了。

高功能孩子，他们对追求刺激有本能、有冲动，他们会去寻找自己最长项的信息进行探索和积累，所以这个时候反而要减少知识性较强的刺激量，不让他们的弦绷得太紧了，从而造成大脑神经过于疲劳。这时候要让高功能孩子放松下来，有时间和间隙来感受“人间烟火”，多体验一些儿童时期喜闻乐见的人、事、物，更利于他们恢复与人交往的社会功能。

高功能孩子实际也存在兴趣狭窄的问题。高功能孩子，说白了就是那一两根弦绷得太紧了、快折了，这个时候要让他们那根绷得太紧的弦缓解、休息、停顿、休养，才有利于与之相比其他的弱项得到逐渐发展的空间。

也就是说，高功能孩子的注意力和兴趣点，往往不容易从他们原有的、一直感兴趣的事物中转移出来，以至于个别脑区过度兴奋，因此很难从绷得太紧的状态下、他们很关注的领域当中解脱、释放出来，同时也包括再帮助他们扩大兴趣范围。而低功能孩子的问题是找不到那些能够给他们持续的正向刺激的兴趣领域。

帮助低功能孩子，也不是说盲目地给他们刺激，更不能像训练小动物那样反复地简单刺激来形成一种像小动物一样的“条件反射”。仅仅是“条件反射”的结果，孩子看起来能够听指令完成一些任务了，但那些任务往往仅限于训练者“预设”和“预演”的内容，一旦离开了训练者预演的环境进入社会环境中，孩子就不知所措了。因此，给低功能孩子的刺激，应该在全身心陪伴中，去发现和恰到好处地赞赏、鼓励他们的兴趣。

对于这两种孩子来说，安排的课程和老师要下的功夫是不一样的，就是陪伴的状态不一样。对待高功能孩子，老师如果让他们感到你信息量不够，他们会瞧不起你；但是如果信息量大了，老师又会被他们牵着鼻子走，他们会想方设法让你进入他们擅长的话题高谈阔论，把你引入他们预设的“圈套”中，不愿出来探索普通孩子应该了解的领域，把你绕进“死胡同”。

Q 问题 6

患有阿斯伯格综合征的孩子有什么特殊的表现？适用什么样的措施？

患有阿斯伯格综合征的孩子最突出的地方有两点：第一，能说会道，前提是他熟悉和擅长的领域；第二，比较容易情绪化，易产生冲动行为。

第一阶段的目标仍然是“做减法”。他们会去寻找自己最长项的领域，自己在原有的领域继续寻找刺激，甚至会达到超常的程度，乐此不疲，不能控制自己。这就会出现长项更长、短板更短的现象，其社会功能受到极大影响。因此，我们首先要针对性减少长项领域信息对他们的“刺激量”。就是不要让他们在已经有的“超常领域”钻得太深了，不能让他们的那根弦绷得太紧了，如果绷得都快折了，哪有精力和空间去发展其他与社会接轨的能力。所以他们需要的是缓解，这也是一种“减法”。

患有阿斯伯格综合征的孩子往往是不能从他们原有的领域出来，低功能孩子是不能发现使他们感兴趣的领域。所以虽然都是在做减法，对低功能是要激发、扩大他们的兴趣领域，而不是家长盲目地、人为地设定对孩子的“刺激领域”，让他们学这学那，这样的刺激领域往往不适合孩子的正常发展，要从低功能孩子的自发兴趣中“发现适合他们的刺激领域”。对患有阿斯伯格综合征的孩子，是要把他们从过于兴奋的领域中解脱、释放出来，从原有的惯性的领域、亢奋的状态下，逐渐安静下来。

有些人“沾沾自喜”于能够把低功能孩子培养训练成高功能，结果是这样的孩子反而更加难以解脱出来，非黑即白、非白即黑，更加陷入一个较为顽固的自闭状态中了。孤独症孩子主观上有一种关闭自己的本能倾向，反映出他们处理信息的能力不够。即便是这样，他们还是有一定的处理信息的思维能力。低功能不仅处理信息的能力不足，而且自信心也不足；而高功能一旦出了他们的领域，对其他领域自信心也是严重不足，他们其实内心是自卑的。

观察形成的原因，阿斯伯格综合征和高功能的孩子往往是在早期发育中，有相当严重的挫败感。所谓的“高功能领域”，只是他们给自己找到的一个避风港。

Q 问题 7

ASD 孩子有“开窍”这样的说法吗？这个阶段是渐进的，还是某一天突然就开窍了？开窍之前有什么征兆、迹象吗？

在我们的案例中，确实有“开窍”或者“顿悟”的现象，都是在孩子具有主动探索、发现的行为积累到了一定程度后，突然就明白了一大块，似乎一下“开窍”了，甚至连家长也一头雾水，不明白孩子是在哪儿、怎么学会的。从心理学上讲，就是这个孩子有了一个“认知图式”的突破，形成了新的更高级的认知图式。但是基础是他能主动地探索和不断地积累，把过往的认知和新的认知结合起来。

关于“征兆、迹象和预示”，一般是在孩子进步到一定程度后，会异常地出现一个稍微“停顿”的现象，这种停顿实际上就预示着正在“积蓄能量”，准备下一轮“冲刺”的前奏。例如，一般孩子在拓展新的更高级语言之前，往往会出现一个莫名其妙的“结巴”现象。很多家长都会误以为孩子是退步了，焦虑地过来咨询，得到的答复是“好事要来了”“你的孩子在我们课程的推动下又要提速了”。第一次经历的家长一般带着疑惑去等待，很快就会惊喜地发现孩子的语言出现了新的词句，或者出现了词句前后的逻辑关系。因此，一旦经历过这种“停顿”现象，家长们都会坦然地对待孩子下一轮的“停顿”，因为家长知道孩子又要经历新一轮的提升了。

有的家长问："如果加上这儿上的课，我们再教多一些，不是更快吗？"但事实上我们这里强调的是启发"孩子主动意识下的行为"，而家长往往是"越俎代庖"的做法更多，欲速则不达，甚至加剧了孩子大脑发育的不平衡。在这种情况下，在家由家长教，反而容易抵消白天在学校的启发效果。同样两个孩子，一个家长听了我们的建议，在家不刻意去训练孩子。另一个家长继续刻意搞"家庭训练"，结果差别非常显著："不刻意教"的这些孩子，相对容易出现"顿悟"现象；而继续家庭刻意训练的那些孩子，基本上没有"顿悟"的出现，反而还容易卡在被训练的"条条框框"里面。

Q 问题 8

孩子突然的“开窍”，是在知识点上，还是在公序良俗点上的顿悟？

两种都有。低功能孩子往往首先是在“比较初级的技能点”上产生顿悟。比如搭积木的难度上，往往是家长在家不教的孩子，才有顿悟现象。

我们认为“顿悟现象”也符合皮亚杰的儿童认知发展理论：孩子自己运用“同化”与“顺应”这两种扩大认知图式、融合新的知识的模式时，就会形成正向的“认知图式”的积累，积累到一定程度就会出现“顿悟”——由量变产生了质变——生成了新的认知图式。而家长按照“成年人设定的目标”去训练——不是在孩子主动意识的探索行为中所获得的“新知识”，它们没有通过“同化”和“顺应”这两个模式与孩子已有的知识建立起内在联系——是没有“根”的认知图式，所以就形不成积累，就不会产生“顿悟”。没有量的积累，哪里来质的飞跃？

孤独症孩子既敏感，又不自信。他们为了避免风险，就会关闭自己独立探索的通道和机会。而家长刻意去教的孩子，往往处在一个“被动模仿”的过程中，他就不会自己去思考。当孩子把思考、选择、责任和风险都交给家长去承担，家长往往是直接给出结果，再否定他，使得孩子老是处在挫败中。家长甚至还把孩子的手抓住，使孩子的手变成了“机器手”，孩子就没有主动发现、探索的意识了。老师起的作用是启发孩子自主做事的意识，而不是越俎代庖，更不是因为孩子一时还达不到，就给孩子造成挫败感。我们这里的老师对待孩子存在的差距，每次给孩子的指导或指令都是“再给一点点，再多一点或再少一点”，让孩子有调整的主动权，孩子即使还达不到，也不至于马上就感到挫败。老师会先给孩子化解尴尬，然后适当巧妙地引导和启发，让孩子有机会和信心努力提升自己。

我们写这本书的初衷就是要“治未病”，要使家长懂得尊重孩子的个体差异，不要把“别人家的孩子”当成模板，老是给自家的孩子打击。这种习惯思维往往出现在“三高”家庭里——“高知、高职、高智”家庭。经过行为强化干预训练的孩子，谈不上生活的“幸福指数”，他们大部分都可能被干预和干涉，不能按自己的意愿去满足自己的欲望或进行探索，容易形成负性情绪的积压，也难以获得幸福感。这种情绪一旦积累到一定程度就可能会爆发、崩溃。我们的这套教育引导方法，能让孩子在奋斗、失败、再奋斗中探索并获得成功感和自信心，实现个人在社会中的价值，当然也提高了自主处理问题的能力。

Q 问题 9

孩子上学前班、提前识字好不好？为什么？

来到我们这里的高功能孩子，有的就折在“天花板”上了。不少高知家长本以为孩子挺聪明的，于是让孩子过早参加所谓的早教班，提前学习游戏和规则，后来还让孩子去上学前班，融入集体，认为提前适应一下会更好。有一个孩子，他妈妈找了一个学前班，是由几所知名高校的高才生开办的，仅仅一个月就把一年级的课程内容几乎都“灌输”完了，拼音、唐诗、数学都教完了，完完全全的极端早教，结果一下把孩子的“好奇心”打下去了。没想到孩子经过一个学前班之后，有很长一段时间对学习的热情都没有那么高涨，状态和之前完全不一样了。归结原因就是上了那个班。后来我们又经过较长一段时间引导孩子才恢复。

在此之前，孩子已经康复到相对优秀的程度了，不光是认知、语言和社交达到和正常儿童差不多的水平，对学习也是非常向往的。就拿对数学的好奇心来讲，老师循循善诱地用游戏的形式，让孩子感受并体验。孩子通过各种游戏活动竟然发现了一个奇妙的现象，那就是几个相同的数相加，于是就问妈妈有没有别的方法？妈妈当时随口答了一句“可以用乘法来计算”。孩子又问乘号怎么写？妈妈没有直接告诉孩子，因为怕提前教得太多会让孩子过度“烧脑”而厌恶学习，于是就请教我。没想到孩子一直在等待着，一见面就问，妈妈按照我的说法简单化答复道，“好像一个加号转了一下变成了一个叉子”。没想到过了几天，孩子竟然写出了简单的乘法算式，还能算出几乘几等于几！妈妈惊呆了：“他是从哪里学来的呀？”后来通过对孩子的进一步观察，发现原来他出于好奇心的驱使，自己通过游戏从相同加数的和里面推演出来的。

在孩子上学前班的问题上，不好简单回答，而是要看这个学前班是否能做到循循善诱，润物细无声地在游戏中渗透，去激发孩子对学习的兴趣和好奇心。不然的话，孩子没有理解、囫囵吞枣地提前学了一大堆，偏离了自然的、愉快的、启蒙式的学习宗旨，很可能会造成上小学时反而失去了新鲜感，个别孩子如果产生了对一些学科知识的厌倦、恐惧，反而会影响到入学后的学习兴趣和信心，那就更得不偿失了。不少孤独症孩子（除了基因作为基本原因外）就是这种层层加码的家庭教育环境逼出来的。

Q 问题 10

孩子可以“正常入学”的主要指标或特征是什么？

孩子能够进入正常学校，需要具备哪些指标？首先，他的认知发育应该达到与其基本学龄相符合的认知水平，以及具备对别人意图的领会能力。其次，就是要明白自己的位置，比如要有服从性，还要有自制力，要懂得他向往的“那个社会群体”的基本规则。最后，也是最大、最明显的标志就是，他对学校生活及学习有一种发自内心的、特别想去的好奇心和向往，这是一个最重要的“标志性”指标。

具备这样能力的孩子是在什么环境下培养出来的呢？就是在我们量体定制的游戏互动中提升了自己的认知、语言交往、环境适应和掌控能力，以及自信等水平上升到一定的程度，那些上小学的、背着书包的孩子就会吸引他的眼球，或者是走到学校门口就想驻足观看，甚至会想象或要求自己背着书包在家里练习走来走去的神气十足的样子，这在“潜能自然回归法”的教学计划中，是接近正常儿童的最高阶段了。

我们还注意到，即使自己的孩子达到且已经正常入学了，但是在随后的一个阶段内，大部分家长仍然选择每周回来上两次课，以使孩子得到进一步的释放、充电和巩固，这些都有利于孩子平稳地进入正常学习环境。个别家长急于求成，一看到孩子有进步，就以为又可以按照自己早期设计的那一套

“快马加鞭”的计划，揠苗助长。这些家长不知，正是他们这种心态和做法把孩子一度推到了崩溃的边缘。难道还要继续走过去的老路不成？所以，孩子出问题，首先要检查的是家长有哪些不适合孩子的做法。

Q 问题 11

孩子在康复，家长如何转变过去的传统观念呢？

来我们这里的家长，几乎都是对孩子一辈子“就这样好不了了”不甘心，在网上反复查看，终于查到了“不用终生干预，在一定的年龄段内，有希望接近或成为正常孩子”的观点和案例。家长们就觉得有点天方夜谭，因为打开网络，铺天盖地的信息都是说要“终生干预训练”。

刚来的家长会向老家长询问，一旦听家长说我们这里“已经有孩子康复效果好，正常上学了”，新家长就会认为这些家长是“托儿”，刚一开始这种怀疑的心情非常重。我们有好多家长刚来的时候都认为别人是“托儿”，到了后面他们在新家长眼里也成了“托儿”。他们也给新来的家长宣传，因为他们看见自己的孩子取得的进步，眼见为实，有了信心。

其实家长的转变是非常艰难的，因为过去被灌输的那些东西，在网上看到的、加上自己亲身经受过的，他们简直不能相信在我们这里，孩子这么短的时间就发生了转变。不是谁说服了他们，而是他们真正亲眼看到了。西方人说孤独症不可能好，中国国内“业界主流”也说孤独症不能好。家长更不敢相信在国内还存在可以通过“教育转化方法”，使孩子恢复接近甚至成为正常孩子！

从功能导向型，比如教孩子拍球，刚开始他不会拍球，到后面不仅能拍球，还能够拍得越来越多，但是你换个场地，或者要求孩子换个别的花样再拍球，他就不一定会了——因为他不能够变通适应改变了的环境条件。而且拍球并不能够代表他的综合能力，使他今后能够融入社会生活。我们就有一个家长，她说谁的孩子又能拍 100 个球了，谁又能花式拍球了，非常羡慕，并建议我们这里也专门训练她的孩子拍球。当时我就告诉她："如果您是想要一个拍球运动健将的话，那您就送他去那个专门训练拍球的地方，如果您需要激发孩子自身的潜在能力，逐渐接近正常儿童的话，您就相信我。"家长马上肯定答复："不需要那样的单一功能的孩子。"后来她的孩子不仅能拍球了，还能自主参与社会交流活动，也和正常儿童上一样的小学。

Q 问题 12

家长在家里也需要配合教学做一些辅助工作吗？

答案是肯定的，但我们从来不给家长布置像训练小动物一样的“家庭训练任务”，反而是要让家长尽可能对孩子实施“减法”式陪伴。家长不但要配合陪伴孩子，还要与我们培养孩子的方向一致，要做到无条件接纳孩子的现状，无条件地去爱孩子，无论他现在处在什么程度，有没有认知、有没有语言、有没有回应、有没有社交，我们都让家长做“减法”。减到什么程度才恰到好处呢？当减到一种“慢生活”能与他同步时，他会关注到你的存在时，就是刚刚好的能走进他内心的最佳方式！这就是现阶段家长与孩子互动的“最佳起点”。但是我们经常看到的是，家长在家里增加练习，或者穿插地带着孩子去参加其他各种各样的“强化训练班”，让孩子不堪重负，结果是孩子被动地不过脑子地应付了事、完成任务。

我们有些家长在孩子身上投放了太多的期望和关注——最后变成了“极端早教”。孩子走到今天与其说有“冰箱妈妈的影响”，倒不如说有“烤箱妈妈的灼热”更准确。家长不知道训练到什么程度，不掌握细节要领，往往“矫枉过正”，很容易就训练过头了。比如“吹物体”是孩子的弱项，家长非得让孩子去吹东西，给他一些任务让他完成，完不成、吹不好，家长就非常执着地反复训练，这些不容易完成的“任务”就会让孩子有挫败感。孩子感到：“吹东西”不是我的强项，我永远也吹不好，你还要指导我继续吹，就好像掉进了一个死循环。在这个角度吹是什么效果，在那个角度吹是什么效果，你说的这些太复杂了，我听不懂，我永远达不到你们的要求，所以就导致一次一次的挫败，结论是“我不行，我不可改变”。最后孩子只能又把自己封闭起来。有些上了大学的青年也表现出孤独症或者阿斯伯格综合征的特征，其实孩子的“自我封闭”是从幼年就开始了，追根溯源可以找到上述两种妈妈的影响。为了避免再加重这样的影响，根据当下中国“家长文化”的特殊性，我们的原则是请家长“做减法”！家长更应该做的是，创造一个愉快的、宽松的家庭氛围，让孩子能够在我们课程推动下，有一个相对宽松的成长空间。

Q 问题 13

孤独症孩子的家长一般有哪些特点？怎样做家长的转变工作，最主要是改变他们什么？

一般来讲，比较有“主见”的家长居多，往往是各个行业的精英。还有一个共同点是主要照顾人往往有洁癖，讲究卫生的程度超过对孩子本身的关注，觉得只要做到卫生，家长心里就踏实了，却很少关注孩子的心里是否愿意这么烦琐和讲究。

在这种情况下，往往改变孩子的家长比教育转化孩子还要困难，那些家长先转变了观念的家庭，孩子在我们这里进步会更明显。但是在这里，越是那些智力表现好、教育程度高、专业性强的家长，越难以转变。而孩子的进步往往是和家长被改变的程度成正比的。以往我会把课程进展的概况甚至许多细节，都教给家长，但是这类“三高家长”（高职、高知、高智）会在家里不知不觉地给孩子加码，或者认为我们课程的难度不够，他们就会从“专业角度”重新设计孩子在家中的活动，等于又把孩子逼回到“自闭”的状态中去了。所以后来，我就按照课程走到哪里，就教给家长注意哪些事情，不是一股脑儿都教给家长了。这样才能保证孩子不被家长重新带回“老路”。

有一点启示需要与家长共同探讨，这几十年来，我们的物质生活条件改善良多，比起物质条件，每个新生个体更注重追求精神条件的满足，即“知礼仪”——各种才艺、智慧、思想、技能，也包括自尊、自信、独立性等。因为这些新的内容，已经逐渐成为人们生活在社会里的“必要条件”了！所以对孩子的教育方式也不能沿用以前的方式方法，就算是以前的一辈人成功的经验，今天也不一定能够生搬硬套了。

Q 问题 14

为什么要增强孩子的“本体觉”？

本体觉是促进综合感官发展的很关键的一个感觉。过去都讲五感，五感一般指视觉、听觉、触觉、嗅觉、味觉。后来又讲第六感，第六感好像是一种心灵感应，本体觉就可以作为第六感，因为本体觉涉及大脑的平衡发育。本体觉最大的作用应该是对自我身体的控制能达到一种平衡，或者说控制的灵敏度。控制灵敏度影响到自信心，最终是达到提升孩子的自信程度。增强本体觉也会为大脑恢复平衡发育创造条件。下文中提到的教具就是凸显这方面的作用。

有一个年轻人，大约三十岁出头了，走路时常踮着前脚掌，看似在用脚尖走路，还走不稳，经常碰到别人或者打翻别人的水杯，让别人以为他是故意而为，而他本人却异常尴尬和懊恼。其实那就是在少年时期，本体觉发育欠缺的“后遗症”，他的综合反应也比较迟缓，空间位置感也很不准确。

Q 问题 15

海洋球、爬迷宫、大龙球等活动对孩子的作用主要影响哪些感官？

海洋球给孩子的感觉类似于把孩子泡在水里，孩子似乎又回到妈妈子宫里的羊水里面，在其中用力，不会产生像在地面上那样的用力效果，会分散用力的方向，产生挣扎的效果。这样有利于促进前庭觉的发育，在运动中调动各项感官的刺激，用来实现平衡或者前进的目的，进而通过多项感官发育促进大脑的全面发育。这是海洋球的作用。

海洋球池要求相对深一些会更好，就像游泳池的水在安全范围内也是深一些更好，颜色越鲜艳越好。孩子刚来时不敢碰海洋球，到后来想触摸海洋球，到跳进池子里，还有后来站到池子边缘，像走马路沿儿那样一边保持平衡一边向前走。这样达到的促进本体觉发育的效果是一样的。

有的家长问让孩子去参加游泳班行吗？回答是否定的。因为孩子前庭觉和本体觉的提升和完善，需要他在轻松快乐的环境中去自我体验、自我摸索，同时要得到老师的及时肯定和鼓励，才能够转化成自己的把控能力，以促进前庭觉和本体觉的完善和提升。一个专业的游泳教练时时关注的不是孩子的身心发展状况，而是按标准化要求孩子的每一个动作符合体育标准的姿势等，这样的孩子本来就在自我控制方面很弱，往往达不到教练的标准化要求，孩子得不到身心的提升，反而会受到打击感到挫败。况且，孩子长时间泡在水里面也不合适。

大龙球的作用也是锻炼孩子控制身体重心的能力，提高控制的灵敏度，增强孩子做事的自信心，这些都会促进孩子本体觉的发育。没玩过大龙球的孩子一上去是会翻倒的。锻炼身体的协调性，能保持不摔了，说明孩子在玩耍中提高了身体的协调能力和对自己身体的控制能力，这对提升本体觉有非常大的好处，孩子要控制自己的重心和球的重心，要在同一个点，这些都是在孩子“主动探索下，在游戏中获得兴奋感”的过程中实现的。从提高本体觉上来看，它最大的作用应该是对自我身体的控制能达到一种平衡，或者说控制平衡的灵敏度，最终提升他的自信程度。孩子会想，我连我的身体都控制不了，我这个人是没用的。经过游戏一般的训练，孩子通过提高控制力，也提高了自信心。

孩子在生理发育上，通过刺激本体觉促进了大脑的发育；孩子在认知发育上，通过提高平衡感和相应能力，丰富了认知图式。这个游戏充分体现了在孩子幼年阶段，“生理发育和认知发育是相辅相成的关系”。

爬迷宫，是要战胜各种难度设计的关卡，不仅锻炼了孩子的前庭觉和本体觉，以及身体协调性和灵活度，同时还有一种战胜困难和探索未知的求知欲的激发。

Q 问题16

不同特征、程度的孩子是否适合混合教学？

混合教学对高龄和低龄以及能力不同的孩子都会各得其所，对提升自信、加强不同阶段的选择能力有好处。当低龄的孩子用余光扫到那些比自己能力强的大孩子时，他就会感到自己与对方之间的差距。当他感到对方比自己强很多时，他会马上把自己包裹起来，同时他可以选择另外与自己程度差不了太多的目标来作为学习榜样。刚开始感觉自己能力不足或弱小的孩子，看人的眼神是用余光，甚至表面上看不出来他在看你，然后逐渐从偏斜到斜视，随着能力的提升，再到面对面的直视，也就是我们说的对视，这反映出弱小的孩子自信心的增长。因为当弱势一方感到无力应对时，他可以随时把头转向别的地方，这样既保持了自尊心，也避免了应对不来的尴尬。可见，孤独症孩子的心理活动、自卑感、随时产生的不安全感有多么强烈，这也是产生自我封闭的一个重要原因。

在不同年龄孩子混龄相处中，低龄的孩子有了观察、模仿的对象，有了提高自己交往能力的机会。高龄的孩子有了对低龄孩子的主导权、关心、产生同理心的机会，增强了自信心，所以有益于双方。老师往往要更多地“跟带陪伴”低龄的、刚加入进来的孩子，使他逐渐地放松、适应、融入新的环境。同时也引领能力较强的孩子逐渐提升达到一个自我完善和带领的作用，要相信孩子从内心都有一个改善、提高自己所处的环境的欲望，这是人类的本能。

Q 问题 17

什么是“黄金窗口期”？孤独症孩子一般到多大就不容易再被教育转化为正常孩子了？

“黄金窗口期”是指将 ASD 孩子有希望教育转化为正常孩子的最有效的一个年龄段，应该在 3 岁前后，一般最迟不要超过 6 ～ 7 岁（也有个别特殊的到 12 岁左右的案例），但后面年龄大的难度就会非常大了。

我们认为这个阶段孩子大脑中维持基本生理活动部分的脑神经网络还未成型固化，所以还有很大改变的可能性。但是一旦到了这个年龄以后，前述的“维持基本生理活动”对应的脑区发育也逐步完成。而且认知心理学指出这样一条规律，就是每个孩子的“后期生理功能”都是建立在“前期生理功能”对应的脑区部分，在大脑里面经过微妙的分拆、重组后，加上外在的“学习过程”形成的脑区，重新组合才能形成。“潜能自然回归法”也正是借助了这个原理，建立起了教育转化机制。在幼儿的脑组织还处于稚嫩的状态下，通过一系列的心理游戏，使孩子发育迟缓或紊乱的脑神经网络进行自我修复达到“拨乱反正”的作用。但是，如果没有前期正常发育的脑区来参与重组后来相应功能对应的那部分脑区，是不可能有后面各项功能（脑区）正常发育的基础条件，等于前面的基础不存在，后面的建筑也盖不起来。

孤独症孩子正是由于缺失了早期的正常发育过程，或者说前后生理功能的发育的脑区、发育的顺序出现了紊乱，才出现了各种问题行为的综合现象。而恢复孩子大脑的正常发育状态的前提是，要能够改变当前已经形成的不正常状态，就得赶在孩子大脑神经网络固化之前，回溯到上一个“卡点”进行“自我修复”，即回复到最后一个正常发育的状态中来，并且抢在孩子脑神经网络固化之前，在这个状态下，通过课程使得孩子大脑的发育发生转变。这个区间就被我们称为“黄金窗口期”。

现在有很多机构仍然采用那种简单机械重复的训练模式，试图通过多次的重复刺激，让孩子形成条件反射行为模式。殊不知，让孩子仅仅形成本能性的最初级阶段的条件反射的动作行为，是不能应对千变万化的人类社会的生活、学习和社交活动的。由于所训练出来的行为基本无法迁移到社会环境中，因此很多人接受了“孤独症终生不可治愈”，甚至认为“孤独症要辅以终生干预训练”。这个结论是否也有些武断了？

Q 问题 18

为什么大多数机构以训练 3 个月为一期呢？

目前孤独症呈现了多发、高发病率的现象。面对上升的发病率，目前的干预训练机构名额奇缺，质量良莠不齐，真正取得稳定效果的很少。家长因为急于找机构，对很多机构宣传的“几个月内能让孩子掌握一两项技能／功能”的说法，怀着将信将疑的心理去尝试。家长不仅别无选择，机构还出现“一位难求”的现象，一排队就是一两年。这就给短期训练干预方法形成一定的表面效果造就了一定的市场。但结果不仅不能取得真正的效果，反而使得孩子的“焦虑、自闭、刻板、封闭不与人交流”等行为更加严重了，而且还可能在一点一点地浪费着孩子宝贵的“黄金窗口期”。

因为孤独症起因于这批高度敏感型神经类型的孩子，是在婴幼儿时期大脑神经网络发育紊乱所导致。如果不能从根本上找到原因、解决问题，反而用更加刻板、强制的所谓干预训练法，使得孩子大脑神经网络不仅原有的紊乱得不到改变，反而在之上又增加了新的“紊乱”——叠床架屋，使得孩子各项孤独症症状更为明显。以我们的观点，孤独症孩子要想真正恢复正常——提升自制力，唤醒主动行为意识，是要在他们的行为和大脑脑区的主动意识之间建立神经网络的连接，那不是几个月就能实现和稳固的事情。所以，这种“短平快”的几个月的训练干预，更有可能会增加孩子被教育转化的难度，耽误或延长康复周期，甚至丧失了机会。

更让人担忧的是，业界还出现了一种倾向：为了迎合家长急切想看到“干预训练成果”的心理，也为了给上述机构找到一个“合理的解说依据”，国际上出现了一种趋势，即将以往诊断孤独症的评价量表的设计，从“发现问题导向型”向着“实现功能导向型”转变。这是一个危险的、很不好的趋势。在这样的误导下，家长看到一些假象，孩子在某些“技能”上似乎是比以前“好了些”，但是这种能力导向、功能导向带来的问题，不是从根本上去解决问题，容易误人子弟。这个趋势正在潜移默化地改变着“孤独症孩子转化的标准”，使得推行了逾70年都未见明显效果的以行为主义心理学等为基础、现居主流的ABA法不能与时俱进，使更多的孩子失去此生成为正常孩子的希望。

Q 问题 19

“潜能自然回归法”课程分为哪几大类？

“潜能自然回归法”课程分为三大类或者称为三个部分。第一大类，自主游戏课；第二大类，主题课；第三大类，学习养成课。每一个大类又可分很多模块，比如主题课里面又包含着认知、语言、律动、感统、美术、手工、拼图、精细、传统游戏、模拟游戏、智力游戏等，一共由几十个课程模块组成。这里主要介绍第一大类课程，也就是自主游戏课。

自主游戏课是按照马斯洛的人本主义心理学为基础，完全以孩子为中心，以“先跟后带”的方式走进孩子内心。“先跟”就是老师先以孩子为主导，跟着孩子的节奏，让孩子感受到老师是他的伙伴、是值得信任的；“后带”是老师逐渐并已经取得了孩子信任之后，孩子撤销了对老师及外界的防备，愿意跟着老师的引导尝试性探索外面的世界，愿意跟着老师参与一些自己逐渐感兴趣的游戏了，这说明老师成功将孩子带动了。老师先是跟着刚来的孩子观察，并且让他逐渐熟悉老师的存在和周围环境。刚来的孩子往往会待在一个旮旯儿，老师也会陪他待在旮旯儿里。这时不能把他强行拉到孩子多的地方。有的家长就认为得把孩子抱过去“融入”。有的家长还说，光是抱过去还不够，还要“教他和小朋友交流”。其实，父母不知道这种状态下硬把孩子抱过去，对孩子的心理是会加重伤害的。孩子还没有面对更多的人、新的面孔的能力和自信，因为他还没有抵挡伤害的能量，如果这时把他强行放到一个很陌生的环境里，等于在用一种精神上的痛苦、恐惧感不断地折磨他，这相当于在敞开的伤口上再撒上盐。

这时的孩子有一个“视线半径”，也是他的心理半径。他从恐惧中看到周围环境（和人们）对他没有伤害，他的情绪会逐渐稳定下来。然后逐渐去感受适应、“增强自我”、对外界接纳。在这样系列的影响下，他的心理半径逐渐开始增长，其实他也在积累他的心理正能量，推动他的半径增长。

刚开始，孩子连视线都不看别处，后来逐渐能看到旁边再远一点，他就敢慢慢、逐渐、完全地脱离保护，把原来躲避的斜视逐渐地变成直视。当他有了一定的自信和勇气后，就把原来大角度斜视一点点变成了正视，这是孩子心态的一个变化过程。

逐渐地，他的活动半径也开始增加，再有一种跟别人发生交集的偶然机会。刚开始是无意当中的，可能别人离他近了他躲，后来离他近了他不再躲，没觉得特别受伤害。后来他可能主动走到某一个地方，别人可能是路过一下，他发现别人也没对其有伤害。再然后，可能有人在无意当中碰撞了他一下，他也没有感到对其有什么危害。此后才开始逐渐地可能有别人来找他。他刚来的时候，没人找他，也是到了一定的程度——这样的孩子有一种心理能量的权衡，原来的孩子认为新来的“他”能力也差不多了，就主动来找他。刚开始有人来找他的时候，虽然新来的孩子心里特别喜悦，但是面部往往没表情，这个时候找他的孩子就会放弃。一次一次的，他为了吸引别的孩子再来找他，他面部的表情就开始发生变化，逐步跟上了他的“社交需求”。这个过程中，老师随时在引导，他根据孩子的心理变化，影响他的行为发生变化，这就是“后带”的做法。

其实，老师有一个大的方向，或者一个大的原则，在陪伴当中逐渐让孩子释放，让他把不安全感降低。可能在这个过程当中，老师自己的行为动作会沿着大的方向和原则做一些调整。比如及时鼓励，但鼓励不能太夸张了，让孩子感觉到是真心的。这是老师可以做的范围，但是不等于老师事先有一个当天的课表，今天就必须带着孩子去完成什么。这就是“自主游戏课”在现阶段特有的作用。

Q 问题 20

在阶段化的教学目标下，每次课程的内容 / 目标会有调整吗？

上面说了自主游戏课，我们再说一下“主题课”。主题课里又分为认知、语言、律动、感统、美术、手工、拼图、精细、传统游戏、模拟游戏、智力游戏等，有时候还有舞蹈课、绘画课。手工课里又包括彩泥、搭积木、剪纸、折纸等，另外还有像小孩做饭、过家家这样的模拟课。

过家家实际是角色模拟游戏课，每人扮演一个角色做游戏。还有智力游戏课，智力游戏课又分成拼插游戏、搭积木游戏等。有的时候用积木拼字等都是孩子自己可以操作的。

主题课是由老师给几个孩子讲相对统一的课程内容，但是孩子可以做得不统一，得出不一致的结果。这要根据他的程度，他能理解到的，他就会跟老师做得一样，他不能全部理解的他可能就做出一半或者少一半，有的甚至不做老师示范的，自己另做一个，我们也是允许的。孩子们过家家，心理学上叫角色扮演，这对孩子非常重要，使小孩能够脱离自我封闭的状态，构思一个与外界连接的能置身其中的相对扩充的多元素环境，如人物、玩具等，并且有故事情节的逻辑过程。

这些课程的组合由一位资深老师总把关，关键问题我会和老师们一起商定，我们也会一起备课。每一个有分工去面对具体孩子的老师，都会把当日孩子的表现记录在工作手册中，或者针对比较突出的问题，及时向资深老师汇报，进行及时调整、重新组合。

假想游戏就更高级了，孩子假想出一个东西，比如说这个东西是一个杯子，我把它当个话筒做什么，实际上眼前没有这些东西，把它假想出来叫假想游戏。假想游戏层次是相对高一些的。

所以，主题课其实是介于自主游戏课和学习课之间的，孩子还没达到学习的程度。只要在主题课上能够坐下来听老师讲，他在下面听，刚开始可能根本都没听，然后可能有一耳朵听一耳朵，到后来就可以回答问题。患有 ASD 的孩子很怕答错了，回答问题“失败”对他们都是很大的打击。

Q 问题 21

ABA 感统训练与感统游戏课（感觉统合课）有什么区别？

ABA 的感统训练是这样，比如大龙球有几个功能，那么任课老师只能按照那几个功能来上课，相当于“照搬硬套”。又比如 ABA 训练师今天设计的课程内容是钻圈圈，孩子就要按照课程要求趴着钻，要孩子怎么钻，孩子就必须按照老师课程设计的这么钻。然后还要设计课程的难度，要求孩子在一分钟之内要做几个回合，孩子必须做到，才算“达到课程目的”。

ABA 的感统课必须设计出一个目标，达到这个目标才叫有水平（有成就感）。而我们的感统课首先是要达到感统环境意识的训练，我们是感统游戏课。只要孩子能够主动参与到“感统环境”中，产生了“感统意识”，我们的课程第一步的目的就达到了！所以，我们设计的初衷是这样：孩子要钻也好，要怎么做也好，只要在参与就好。有的孩子不钻，他就从圈圈上头迈过去行不行？也行，我们倒认为他很有创意，从圈圈上迈过去了也是孩子的感统意识在萌发，也是孩子“主动意识下的行为”，迈过去也能锻炼他的大脑、小脑或者前庭觉。这比那种像训练动物一样的“被动钻圈圈”的行为不知要好多少倍。这只是一个例子。

我们还要给孩子一个“特别的鼓励”。这个时候我们会给他不一样的认可，我们对他从圈圈上迈过去，当作孩子“挺有创意”的举动，当这个孩子听到老师这样说出来的时候，他就觉得“我这样干还得到表扬了，我本来想搞怪的”。然后孩子会想：“我要是也按照他们那样做，能得到老师不一样的表扬吗？”他就会观察别的孩子，这又是一个额外的进步——增加了孩子的观察力。看人家怎样做，然后他就会逐渐地按照老师的要求做。他刚开始是不愿意跟其他孩子一样去做的，他怕自己做不好，结果就乱做了一下，老师还表扬，他就可能慢慢试着去做了。在这个过程中，孩子的好奇心、模仿力、不服输的心态，尝试一下的欲望都被调动起来，在上升！当孩子达到一个正确的状态，又得到老师更高级别的表扬时，那种成就感将“油然而生”！

我是把孩子的每一点点思想活动都捕捉到，加以鼓励。每项课程不是只为得到孩子单一的“目标行为”，而是牢牢地抓住逐步地培养、增强孩子“主动意识下的行为”这个大目标，抓住这个核心逻辑来设计课程和执行课程。在这个例子中，孩子一开始不愿意这样做，他并不完全是创意，而是怕自己做不好。那老师也不是强行要求孩子必须怎样“做到”，而是帮助孩子寻找到一个他能“控制”的方式来做，哪怕最初只是一个极其简单的过程，只要孩子主动动起来了，就认可他。“好的开始是成功的一半”。要知道，孤独症这类孩子的胆怯，很大程度就在于“害怕不能控制周围的环境和结果”，没有自信心！

这才是感统课的目的，不是说完全按照训练的方式达到一个“体操一级”的水平，而是让孩子处理好自己和客观事物的关系，在处理过程当中，处理这种关系采用什么方式由孩子自己来选择，这比老师一开始就规定怎么做可能效果更好。客观上孩子“先选择对我来说容易的”，还得到了老师的鼓励——其实老师在鼓励他的自主选择和他选择的勇气，让他更有信心去克服困难、挑战难度！这就是与 ABA 标准化训练不相同的地方。

Q 问题 22

有什么错误的感统训练的例子吗？

有一个朋友开了一个早教中心，也对一些有孤独症倾向的孩子进行训练。但是他那里的训练是不系统的，也很难说效果怎样。

有一次他邀请我去，其实是想让我去肯定他当时的做法。他在营销上是很厉害的，他很快就招到了 80 多个学生，初期经营还可以说是风生水起。我去了之后看了所谓“感统训练”，感到不对劲儿。为什么？

当时他从上海请了一个全国最有名的感统师，我说依我看这位感统师不太好。他脸色马上就变了，“这是我花重金请过来的，你怎么会说他不好？家长都是冲着他来的。”可是我看过后说：“他的训练恐怕是南辕北辙了。”我的朋友当然不能接受我这个观点。

我告诉朋友，我看见那个有名的感统师在给一个刚 1 岁 8 个月的小孩训练，他要让孩子从海洋球池翻过来，通过海洋球池跑到那头，然后在里头快速做很多规定动作。老师就把孩子揪起来，快速地让孩子双脚打着下面的海洋球左右甩，训练师还说着“洗脚洗脚洗脚”，再把孩子放下，让其快速爬出海洋球池，再快速奔跑到窗户那里，再翻越障碍物，再回头奔跑，翻进海洋球池，再做一些标准的规定动作，然后教练再揪起孩子做“洗脚洗脚洗脚”等，这样循环往复。教练要求孩子 1 分钟要完成 5 个来回，想想连大孩子都很难完成，更何况一个刚 1 岁 8 个月的小小孩呢。听着教练大声呵斥“快快快！”“不行！”“重来！”一遍又一遍地重来、重来、重来，孩子被惊吓得哇哇大哭，但教练仍然“坚守职责”继续指挥着、呵斥着，可怜的小宝贝一边哭喊着，还要坚持着完成，可是无论小宝贝多么努力也达不到教练的要求，最后终于崩溃大哭了起来。无论老师在哪儿获取的感统证书，只要他忽视了保护孩子的自尊心，根本就没有“唤醒孩子的主动意识行为”。这两点对于孤独症孩子，他就是不合格的，甚至是有害的。

这种做法错在，一是对这样小的孩子，设计的要求实在太高了，而且训练的方法恐怕会直接伤害到孩子的情感。最后这个孩子真的受到了惊吓，吓得哇哇哭。二是不能让孩子老是处在挫败情绪之中。孩子虽然很小，但是普遍头脑敏感，接收信息快，自尊心很早就已经萌发，对这样的孩子尤其不能伤害他的自尊心。

我对孩子姥姥说这样下去是不行的。看到孩子受到惊吓的样子，姥姥含着泪进来把孩子抱着要走，说：“我们不上你这课了。”我对感统师说：“你这样对孩子是不行的，对孩子内心有伤害。”感统师却对我说：“你是谁？你怎么进来的？”又像刚才呵斥孩子一样地向我喊道：“你出去！”后来我就跟我那个朋友说了原因，朋友当时什么也没说。之后听说朋友的早教中心一年以后不搞了，因为“出事”了。所以只精细追求具体方法，而不认清方向，是会出大错的。

从一开始就不懂得孤独症（及谱系）孩子行为的成因，没有任何技术路线对错的概念，也就没有正确的原则、基本的逻辑可遵循。没有正确的理论指导就是蛮干，害人害己。我真为那些孩子惋惜。

Q 问题 23

为什么教师要采用“先跟后带”？

孩子刚进来时，他不仅和周围没有交流，甚至对自己的存在、周围的存在全无感知。他处在一个恐惧、焦虑、封闭的意识中，对周围极度缺乏安全感。这时的教师采用“先跟”，主要是让孩子接受这位教师，降低焦虑和恐惧，增加安全感。

“先跟”还有如下作用：

1. 及时发现孩子对什么感兴趣，及时鼓励他的兴趣。区分孩子对具体事物或者抽象事物的兴趣点。

2. 培养孩子对教师（婴幼儿对直接抚养人）的依恋感，在这个基础上，孩子才会有信任和安全感，才会逐渐放松，才能扩大战果，帮助孩子走出封闭状态。

3. 不论是“冰箱妈妈”还是“烤箱妈妈”，都要特别注意与孩子的感情交流，在交流中充分注意尊重孩子的正当要求和自主性。

“后带”的作用：

1. 现在的孩子，尤其是高度敏感型的孩子大约在 6 ~ 9 个月就开始有自己独立的思辨能力——知道如何利用自己的“哭闹优势”缠住护理他的人，知道对不同的人采取不同的哭闹策略，摸索出具体办法来抗拒大人立下的“规矩”。

2. 要想培养出“天使宝宝”——有好习惯的孩子，不能够强行立规矩，既要“顺其自然”，又要“暗中有带”，在“先跟”形成依恋的基础上，在建立习惯、双方互动、高兴愉悦的氛围下，逐步带出规矩，使规矩成为愉悦氛围下的习惯。

3. 要意识到对这样小的孩子，任何强制立下的规矩都是对他自尊心、敏感型性格的极大伤害和压抑，现在孩子的生活环境与以前大不一样了。

4. “后带”也是巩固前面“先跟”打下的基础，此时帮助孩子融入其他孩子的活动圈子；沿着孩子的兴趣方向，增加活动内容，以利于大脑发育恢复平衡状态。

我们要尊重孩子发育发展的自然规律，不搞单纯的行为主义的强制干预训练，而是在行为主义、认知理论、人本主义和儿童发展等心理学，以及镜像神经元理论，和人类客观的、内在的需求指导下，以润物细无声的方法，促进孩子的行为转变。

Q 问题 24

针对不同孩子的具体情况，如何确定孩子的“回归原点”？

每个孩子各自怎么确定回归原点？孩子是有“自检功能”的。

比如我们这里的一个 5 岁的孩子，刚来的时候没有完整语句、没有眼神对视、不听指令，视人如空气。他在 2 岁的时候或者在 2 岁半的时候“卡”住了，他做了一个脑部的血管瘤手术，手术虽然是成功的，但从那以后他就开始不正常了。那个时候家长也没觉得手术影响了他。但通过我们大约半年的课程之后，孩子就“回溯”到了 2 岁半的时候，他就从那个地方开始“重新进化”，你会发现孩子突然出现 2 岁多的状态，特别是遇到不开心的事情会哭了，而且是小小孩的哭声。更神奇的是，他一边哭着竟然还哭诉起来，我们惊讶地发现他居然开口说话了！认知和身体协调性也上来了，走路也稳了。这说明孩子开始从那个地方接上了，说明前面是基本没有问题的，那次手术对于孩子来说，是个突发事件。

这个孩子在引发孤独症的突发事件之前都是正常的，由于他做了脑部的血管瘤手术，手术期间会上麻药，这对他当时稚嫩的正在发育的大脑是有影响的。然后，住院、离开父母的恐惧等，这些都会成为刺激因素。加上后面的打针、输液、“医院的白大褂”，这些对他来说都是突发性的陌生东西，都会给他心理上造成一些强烈刺激。孩子就是要倒回到那个地方——他的大脑发育开始出现问题的地方。

来我们这里以后，我们开始往前倒，就发现他大约 2 岁半的时候发生了什么。开始时问家长，家长说没发生什么。问家长是不是家里那时出了什么事，或者孩子自己有没有什么事。这时候才回想起来孩子做过一次血管瘤手术，位置挨着后脑勺的脑部血管，然后就回忆出来了，那个突发性事件对孩子造成强烈刺激，影响了他的大脑发育。从那时起，孩子的发育就像“断片儿”似的。所谓“断片儿”，就是一种紊乱，不是按时间顺序发育会出现的紊乱，而是把孩子原来那种可以自然萌发、依次按顺序萌发的节奏打乱了，就是不知道“下一步该做什么了”。这就是突然发生的事件造成的。虽然孩子的大脑没有发生器质性改变，但是发育的顺序被改变了。这在表观遗传学上是解释得通的。

这个孩子来我们这里时，本来已经 5 岁了。经过一段课程，孩子开始放松，但是后来发现他的声音、他的哭声越来越像个小婴儿，然后说话声音发嗲，就保持着撒娇等。我看他就要进入“回归通道”了，但是就这些现象综合来看，就像是 2 岁半的孩子。由此确定他就是在这个年龄节点上出了问题，你就能很明显感觉出来。在这个节点上完善后，才能达到我们说的“顿悟”现象，往前去追赶同龄孩子的能力。

Q 问题 25

孩子的原始反射行为与刻板行为有哪些共性的规律？

原始反应和刻板行为是不一样的。

原始反应是除了婴儿早期的生存本能的原始反射外，一般代表保护性的、本能的、体验式的低龄幼儿期的“幼稚”行为，而这些行为又为“进化”成高级行为奠定了基础。但如果低龄时这些原始反应没有得到充分的完善，就很有可能影响孩子向高级的行为迈进，也有可能会让孩子的发展停留在某些低级原始反应阶段，甚至还会伴生出一些多余的刻板行为。类似于人类进化过程的一些代表性的、变革性的“缩影”，我们把这种个体在经过我们潜能回归课程在回归通道重新进化的过程，称为“重新进化一遍”，来检测和弥补孩子成长过程中一些缺失和短板。也有学者把这个过程称为“复演论”。

刻板行为一般表现为重复的、无意义的、多余的、不适当的、固定的行为。往往容易在焦虑、紧张、不安时出现，有的还会在兴奋状态下出现，有时候可能还会伴有尖叫声。如果在不适当的场合猛然或频繁出现，就会被人认为“行为怪异”。

这两种行为的共性是都有可能被人们认为是刻板行为，因为在大人看来都是一些无意义的、重复的行为。但是如果能够达到让孩子在不经历太大痛苦，而且自觉减少甚至基本消失，转化为一些有意义、有目的的行为，刻板就不存在了。上述怪异动作恰恰是孩子经过一段“放松”后，开始复演他的被压抑的原始本能行为，这是孩子将要启动“回归”的好兆头。

比如有的孩子不停地晃手看手，这代表什么心理状态？一般情况下。人在无聊状态下或者是“大脑异常放电”等时，都有这种现象出现，经常是不受控制的。如果此时生硬地不让他晃手，孩子可能会暂时被打断而停止，但是往往会感到非常难受和不安。相反，让他把那一套动作做完了，把那个“电”放了之后，他就舒服一点。可以这样设想，晃手其实是可以给孩子带来暂时的舒服，或者一种稍微的放松。当孩子感到没有安全感的时候，晃手相当于孩子捞了一根救命稻草，就像我们平常可能一紧张手就自然握成拳头或者抓住一件东西才觉得好一点，虽然没有解决实际问题。孩子只是通过看手晃手分散、降低了他内心的某种紧张和焦虑的情绪。

高功能孩子，其实就像在高速路上疾驰的车子，他有奔跑的能力，只不过奔跑得太快了，超过了自身车子性能的承受能力，在某些领域上他都快散架了，但也停不下来，他自身难保了，所以就会出现一些异于常人的弱项，一般来讲是规则意识和人际交往等方面比较弱。这些表现也叫“发育迟缓”。这些如高速行驶的车子一样的孩子，既不符合“道路管理的规则”，“车”的性能也不符合目前能承受的最大车速，因为承担不了。所以只要有恰当的方法让他慢下来，他就有可能恢复。但问题是，怎样才能使高功能孩子慢下来呢?

按理说，要慢下来还不简单吗？确实不容易，因为他从心态上慢不下来。首先，他自己认为他正是以“快”而展现出比别人强，所以改变他的难度更高。实际上，如果只是从技术上来说，难度并没有那么高，但是他自身的对抗性使得改变的难度提高。这叫“路径依赖性”，或者叫对某一种方式、模式的依赖性。我们和家长讲过，高功能孩子往往有比较强的依赖性，教育的难点就在于不太容易摆脱“依赖性”。高功能孩子喜欢执着于自己喜欢的高难度领域去钻研和深挖，更喜欢对该话题“侃侃而谈”，不管对方是否感兴趣。这是个比较特殊的现象。

刚才那个问题——原始反射行为的规律性，我觉得凡是行为最明显的都有些共性，其中一个比较明显的共性是“制高点期”。凡是来到我们这里的孩子都经历了像“暴走期”“制高点期”这些阶段。其实这些都是由于在向更高级阶段过渡过程中，他们在完善或弥补那些尚未完善、没有过渡好的原始反射缘故。

最原始的就是“吃手”或“亲土地”的行为。我们的祖先是从土地里爬出来的，为什么有些小孩会舔台阶？因为大城市离田地远了，他要先闻台阶，闻完了还要舔，这就是一种典型的“原始行为”。这些是从观察得来的。任何理论都不能脱离实践。我们通过访谈调查发现，有这些行为的孤独症孩子的家里，很多家长都有洁癖，至少有一个主要看护人是有非常明显的洁癖的，大部分是家里都有相当洁癖的家长，而且比较刻板。这种刻板来自哪里？就是家里的东西一定要摆得规规矩矩，家里要一尘不染。

在这种状态下，孩子在很小的时候就有一种被嫌弃感。大家都不理解，孩子为什么会有被嫌弃感，他们真的被嫌弃了吗？他摸了什么东西，家长非得要让他去洗手，大人认为“东西脏”，孩子会误解为“他的手脏”。

比如你买了一件衣服，我说你这件衣服真好看，表面上是夸你的衣服，但是你自己很受用，因为你觉得“我有水平才能买到这么好的衣服”，其实是通过夸我的衣服在夸我。如果一个人说，你这衣服怎么那么难看呢？他在说你的衣服，但你会怎么想？你会认为他在说我水平不行，我买了这么难看的衣服，我还穿着。

通过这个比喻，大家就能想明白其中的道理了。如果有洁癖的家长从小就老说孩子的手太脏，孩子就会认为家长认为自己脏，他就要闻闻、舔舔、尝尝这些“脏东西”到底是什么味的。

孩子“吃土”，一是原始性的表现，因为他从小就被隔绝，对脏东西有一种天然的亲近感、好奇感；二是报复性的表现，你们把我归类到脏东西，我就要让你们看着我和脏东西亲近，就让你们难受。

一旦来到我们这里，在康复的过程当中，孩子在获得释放的初期，他的原始性一定会显露出来。但是被强化行为干预的那些孩子，总被教育和矫正直接管控着，孩子的天性得不到“自然释放”。特别是那些从未得到释放的孩子，一直处在封闭中，连吃土的欲望都被严密地封闭起来了。比如有一个孩子在其他机构干预训练两三年，家长问：“由于老师和家长看得特别紧，孩子已经有一年多都没有吃土的现象了，怎么后来在您这儿又开始吃土了？”这说明吃土的问题没有从根本上解决，现在能够尊重孩子的意愿了，孩子敢当着大人的面吃土了，正说明孩子又开始启动新一轮的回归——开始释放了。而且，这些原始行为一旦被释放过，就不会再复发，也就不会再吃土了。因为我们让他认知到他有吃土的权利。

另外，孩子来到我们这里，他感到宽松了，我们允许他做他自己想做的事情。之前他吃土做得很隐蔽，一般家长都发现不了。为什么是我发现了？孩子在我面前突然就低下头，低下头的动作有点异常，我感觉他在吃土，当我把脑袋往下歪看他时，他还故意把脸转过去贴在地面，手上还沾着一些带口水的泥土。我平静地对孩子说：“哦，原来我们在吃土呀。”我把这件事告诉了孩子妈妈，也让她不要有过激的反应，接受孩子吃土。后来才知道孩子的父母都是博士。他们听我分析得有道理、有说服力、有内在的逻辑。我对孩子的父母说允许孩子吃土，不要去纠正他，此时也纠正不了。结果允许孩子当着妈妈的面故意吃土，孩子看见妈妈不像过去那样大惊失色地呵斥了，随着我们的课程，他认识到这种报复妈妈的行为没有什么意义，还让自己不舒服了，反而感觉到没有意思了，况且发现还有很多好玩的地方和玩具，过一段时间，孩子自己就不吃土了——原始反射消退了。

其实这样的孩子非常需要被接纳，同时让他感觉到“我虽然有错，但又被接纳了”，慢慢地，他觉得自己吃土就失去了意义，“我本来想报复一下你们过度洁癖对我的过度管束，你们现在居然接纳我吃土的行为了，我从中又得不到什么好处，何必去吃那么难吃的东西”。

让孩子不好的行为失去作用，慢慢降低孩子这个行为的频率，或者降低想采用这种行为的欲望和内在的动机，不好的行为就逐渐消失了。产生这种行为的原因也是长期加大压力、严格限制的结果，这一类行为属于“逆反”，越限制他越逆反。孩子知道自己采取这种行为就可以引起家长剧烈的反应和关注，现在家长没这个反应了，他没了对立面，也就没了动因。

Q 问题 26

老师“先跟后带”的目标是什么？对不同的孩子，带出的是能力还是兴趣？有无共性的目标？

“先跟后带”其实是先接纳孩子。打个比方，孩子被关在房子里出不来，周围空旷一片，既无门户，也无一人。他虽然不喜欢那个狭小的空间，但是对从未接触的外面世界有一种莫名的恐惧感。我们能不能先取得他的信任，在他允许的情况下，跟着他的节奏，和他在熟悉的环境里面待一会儿、玩一会儿，慢慢让他感知到老师和他在一起，建立一种关系，我们再引着他一起出来。我们利用了孩子内心是希望和其他人接触的这种“从众心理”。因为人类是群居动物，从原始社会为了躲避灾难、防御野兽突袭、狩猎，以及团队合作向更高级进步等需要，就逐步具备了群居的需求和特性。

老师先跟着他的频率，跟着他的动作，跟着他的思想，与他的想法同频，然后他对你的戒备、防备就降低了，之后，他就愿意跟你接触，你跟他玩游戏他也愿意了，玩着玩着，他可能就跟着你慢慢走出自闭了——其实这是一个被接纳的过程。

Q 问题 27

是孤独症孩子最初不能感知周围存在，还是他感知到了但是他不接纳周围？

其实这两个问题没有矛盾。真实的情况是最早他不愿意感知，到后来如果自闭严重了，长期不愿意感知，那么这种感官刺激量不够，他就感受不到了。最开始的孤独症孩子，其实都在一定程度上主观拒绝外界信息。

他这种主观拒绝来自哪里？通过多方观察、采访发现，孤独症产生的早期，他们都有什么事情被家长误解，长期被家长限制，比如说有 3 个月大时被家长“误解”的，有 6 个月大时被家长“误解”的，有七八个月大以后被家长“误解”的。这里的“误解”指的是什么？

比如，3 个月也是“倒”出来的——回溯，家长刚来时不会说我家孩子 3 个月就有了孤独症的表现。我说过，孤独症孩子基本上都是过早聪明、过度敏感。有家长说：“贺老师，你是不是说错了？你怎么说我们家孩子过早聪明，医生不是说我们孩子类似‘傻子’吗？”我启发家长，孩子小时候有没有什么事件，对孩子的判断、误解等，家长早就忘掉了。后来家长想起来了，孩子 3 个月大的时候，他们家月嫂因家里有事情，请了 3 个月假。就在月嫂要走的前夕，孩子妈妈说：“你明天就要走了，今天让我来抱抱他，得过渡一下。”结果这个孩子本来是月嫂抱着的，妈妈从月嫂手里把他抱过来，孩子认为是妈妈强行把他抢过来了，夺走了他最依赖的月嫂阿姨“对他的关爱”。孩子把月嫂当成妈妈一样，妈妈第二，月嫂第一，因为 3 个月以来孩子见到的就是月嫂这张面孔，月嫂给他抚摸，月嫂给他换尿布，抱着他给他唱《月光曲》伴他入眠，等等。孩子对月嫂的声音、面孔、衣服、气息、心跳等，都能适应而且已经适应了。孩子和月嫂之间建立了最初的“依恋”，获得了生存依赖的安全感。

这里要奉劝家长，如果没有特殊情况，孩子生下来最好多跟妈妈在一起，晚上跟着妈妈睡觉，这样让新生儿能够第一时间熟悉并认知妈妈的心跳、呼吸、声音、体味，这种感觉让他非常安全，对建立原始安全感十分有利。

可以说“先跟后带”主要是把孩子从自闭中带到正常的情感交流环境下，把孩子从情感自闭的小屋子里释放出来。

Q 问题 28

每周比较理想的课时安排是多少？当孩子出现什么迹象，应考虑适当增减课时？

课时安排是随着孩子的年龄和转化的情况不断提高水准，必要地增减课时量，并非单纯靠增加课时量，当然课程安排是不断向前发展的。家长可能会问，是根据什么来判断可以增加新的课程了？或者如果原有课程量大了，可否再退回来一点？首先就是年龄越小的孩子上的课时相对少，而随着年龄的增长上的课时相对多一些。例如：

(1) 不到 2 岁的孩子，8 小时 / 周，分 4 次，2 小时 / 次；

(2) 2 ~ 3（不含 3）岁的孩子，9 小时 / 周，分 3 次，3 小时 / 次；

(3) 3 ~ 4（不含 4）岁的孩子，12 小时 / 周，分 4 次，3 小时 / 次；

(4) 4 ~ 5（不含 5）岁的孩子，15 小时 / 周，分 5 次，3 小时 / 次；

(5) 5 ~ 6（不含 6）岁的孩子，18 小时 / 周，分 6 次，3 小时 / 次。

年龄更大的孩子得视情况而定。如果孩子能力达到可以上学的程度了，反而是需要减课时以支持孩子去适应学校的学习和生活；如果还没有达到上学的程度，就需要适当增加一些课时来冲刺一下。

Q 问题 29

孩子的课程密度对“反抗厌学期”有没有影响？

反抗厌学期到来，恰恰是孩子又上了一个新的高度，并不像家长认为的那样，觉得孩子是不是上课上烦了，于是就决定给孩子请假，还带出去玩！家长这样做的结果会是什么样呢？结果是孩子更不想来上课了，巴不得永远这样“为所欲为”地生活下去。为什么会有这样的现象呢？因为孩子上升到这一步时，他的认识和欲望达到一个新的高度了，但是规则意识尚未形成，责任感还未萌芽。因此，他就只想一切以自己的意志为转移，想获得“全然的自由”，无拘无束地“追求快乐”！

如果说上课密度有影响的话，那就是孩子课程多一点，进步就会快一些，孩子的心理转化机会提升得就会快，可能会提前进入“反抗厌学期”，他会觉得：“要是不上课该多好呀！多自由啊！”这说明上课密度大对孩子产生“反抗厌学期”恰恰是有正向推动作用的；相反，上课密度太小、请假过多的孩子，进入“反抗厌学期”的时间就会相对晚一些。更有甚者，曾经有一个孩子刚刚进入“反抗厌学期”，而且当时孩子还处于“暴走期”，不想来上课，就想从早到晚四处逛游、探索，孩子突然打开了“窗口”，觉得“海阔天空”，外面的世界太精彩了！于是家长不听老师劝阻请了长假，想让已经有了一定认知的孩子多看看世界！结果没想到刹不住车了，孩子根本就不愿意被限制在某个固定的场所或空间里面上课，只想玩，到处游逛，由于认知没有继续提升，成了漫无目的的“闲逛”，孩子反而像脱了缰绳的野马为所欲为。与之相比，与他同期的孩子都有正常上学的了。这说明反抗厌学期的孩子不能停课，反之，可能会耽误孩子正确的成长方向。

对进入“反抗厌学期”这个阶段的孩子，正确的处理方法是，家长尽量保证正常的课程密度，不要耽误课程。技巧是“连哄带骗”“连拉带拽”“半推半就”“利益诱惑”，家长的任务是想方设法把孩子带到这里来。很奇怪的是，孩子一旦来了，见到老师，就开开心心地进教室了，而且参与度还挺高！这再一次证明，孩子不是不想来上课，而是想要“全然的自由”，不愿意被任何人和事物打断而已！而坚持正常的课程密度，能够提高认知、学到本领，支持更好地认知世界，还能让他更快度过这个阶段，寻求新的进步！

再有，课程是以孩子为中心的相对轻松的方式，不是那种单纯枯燥去学习“知识”，也不会把孩子累着。课程主要分三个大类和几十个模块，一类是自主游戏课，另一类是主题课，还有一类是学习课。自主游戏课是以孩子为中心的各种儿童喜闻乐见的大运动、感统、精细、智力游戏及传统游戏等；主题课是以授课的方式进行的感统课、律动课、绘画课、彩泥课、情景模拟课、拼图课、乐高组装课、智力拓展课、传统游戏课等；学习课是老师模拟学校课堂进行的拼音课、汉字课、数字课、算术课等。需要说明的是，学习课不是每个孩子都参加，而是即将达到上学状态的孩子才能参加。这就意味着这些孩子快毕业了。

学习课基本上是让孩子熟悉进入小学的课堂环境，而不是说仅仅让他学多少知识，主要是让他有学习的兴趣，了解课堂的氛围、上课的感觉，帮他去融入学校。因为这种孩子可能幼儿园都没来得及上，康复过程中，年龄已经达到上小学了，要在上学前让他找到“学习的感受”。一上来就上一年级，他可能有点不适应，因此，兴趣学习课的提前“预演”对他们有很大的帮助。

Q 问题 30

孩子对“最近抚养人”的依恋感觉是什么时候产生的？

“最近”是指亲近、身边的意思。著名心理学家皮亚杰就是从观察自己的孩子开始，研究儿童心理学和幼儿的认知规律。

依恋首先是对谁产生依恋，其实应该对妈妈产生依恋，但是好像很多孩子都会对经常抱着他的人产生更强的依恋感，原因是抱着他的人给他的感官刺激是最直接的，与他的肌肤接触传达的感情是最直接的，也可以通过抱着他，使他与抱着他的人的感情交流最密切，这对促进婴幼儿的大脑发育，继而语言的发育，都是非常有效的。

当然，婴儿对母亲的依恋是天生的，也是影响最深远的。对母亲的依恋不仅是吃奶的依恋，还有在母亲子宫里的环境，让他无忧无虑，没有任何安全隐患的那种依恋。甚至当婴幼儿出生后，在一个特定时期内，从母体传导给婴幼儿的心跳、声音、体温、气味等，都会对他的大脑发育起到推动作用。

孩子对谁的依恋感最强，这种关系就会有效地促进他的语言发育。因为他很愉悦，他就会主动去模仿。这个“主动性”很可能源于他获得了更多的安全感。从幼儿心理学来讲，大约 9 个月大的时候，即孩子要开始产生语言或者为语言打基础的时候，到底依恋和孩子产生语言有多大的对应关系，是很有必要观察的。

Q 问题 31

亲子之间的感情交流不足是导致孤独症的主要原因吗？

有一定的道理，母亲与孩子的情感交流是至关重要的。但情感交流不足只说对了一半，其实情感交流过多或过少都属于“情感交流不当”。从咱们的国情来看，家长对婴幼儿不是投入的太少，反而是投入了太多的精力，可是这些过多的精力没有放在孩子的情感与感受上，而是过度地关注孩子是否按时刻表吃、喝、拉、撒、睡上面。看来“烤箱妈妈”也不行。还有就是过于照书本养孩子，观察孩子的呼名反应，他看了我几眼？是否按照所谓的科学时间表上说的“三翻六坐八爬”了？几个月开始咿呀学语，有没有什么反应？其实这种按照书本养孩子的做法，也是一个“冰箱妈妈”的模式——对孩子的冷漠，是可丁可卯的、脱离实际的、硬的条条框框。实际上妈妈的爱是存在的，但是孩子感受不到那种爱。有一个经典的说法：“您给出的爱不算爱，孩子感受到的爱才算爱！”

孩子要的是那种细腻的关心方式，比如你打开我的尿不湿，你要给我换尿布，你先看看我的㞎㞎正不正常。你应该先抚摸一下我的小屁股，说：“小屁屁，这小屁屁、小腿腿真可爱。”一般来说，大人抽出尿不湿来看看，看见一切正常就迅速扔掉了；如果稍有不正常，就全家开始讨论：该吃什么药了，该找医生了……喂奶也是按书上来该吃多少毫升，并没有问问宝宝：

“你今天饿了吗？”“你吃得香不香，你吃饱了吧？”……没有眼神交流、微笑和话语，只注意奶瓶刷了又刷，要干净。比如两个月时孩子爱胀肚，这时是不是要适当地抱起来拍拍他，增加身体接触。往往做妈妈的都让孩子更多贴近一下姥姥或者奶奶，对孩子情感这方面的关注反而少，因为年轻妈妈们工作都很忙。

当拍完了，只要孩子打了两个嗝，就又给放下去了，并没有一套语言的交流。“我们来拍个小嗝……”一拍真打出来一个嗝了，说“你好棒”，这些话语对于婴幼儿来讲是有用的，不要认为幼小的他们听不懂，他们感受爱的能力是与生俱来的！如果只是按照书上说的，有可能家长拍他是为了完成喂奶的任务，按书上说的拍得有嗝了，打几个嗝可能就差不多了，又回床上去。但是没有语言的交流，就是没有情感交流。情感交流是不管孩子听得懂听不懂，但是妈妈应该相信宝宝是能从妈妈的话语中感受到温暖的。那种带着爱意情感的语言交流，其实对孩子的大脑发育有非常大的帮助。

比如一个刚半岁的男孩，跟姥姥就是满满的亲情，每次姥姥抱着他，过程中一定有肌肤接触的亲情，因此他感觉很舒服。

孩子跟妈妈的交流，一定是“饿得不行了”的时候，哭得不得了，哄也哄不住，大人就知道他一定是饿了。只要妈妈抱起来一喂奶，就不哭了，吃完奶也就不理妈妈了。孩子与妈妈的交流就只限于“奶妈”了。

孩子跟爸爸的交流就是讨好的笑，因为孩子知道爸爸虽然不爱抱他，但是每次必然要给他换尿不湿，当给他换完尿不湿往那一放，别的交流几乎都没有了。

孩子对“三种人”的功能分得很清楚，真的成了“你能给我多少，我就回报你多少”。各自的交流方式也很有特色，可以看出孩子是“按需分配”他的感情交流，他对给他最多“抱抱”的姥姥最有“依恋感”。

其实孩子的哭是他的一种“前语言”工具。他是有诉求的，他的确是想表达什么，只不过我们没有明白他的意思。我们要多次去试，才知道什么样的哭声代表什么意思。大人不能把孩子所有的哭都看成他拿哭当武器来撒娇耍赖，那样就不对了。这是他的一种“前语言”，做家长的没有细心地体会孩子想表达什么。家长应该思考，怎么样能够给他解决这个问题，让他愉悦起来，而不是“别理他，让他哭半天，有求没有应，他觉得哭是没有用的，他主动地就不哭了”。其实这样的结果是孩子不哭了，也就阻断了他与外界的一种交流，不利于孩子的语言发育。最好是能够创造孩子的兴趣高峰期，即使孩子要哭，也要注意理解孩子哭声的意思，这样可以促进孩子语言发育，增进亲子间的感情。

需要强调一下，即使是孩子在撒娇，家长也要给予正确的回应，满足孩子。因为有妈的孩子才有撒娇的资格，要不怎么会有一句经典流传：“有妈的孩子像个宝，没妈的孩子像棵草！”为什么非得要把一个有妈的孩子养成跟没妈的孩子一样，没有情感交流的能力呢？

Q 问题 32

孩子从没有语言到产生语言的过程，有哪些“预兆”？应该创造哪些环境促进孩子语言的发展？

孩子最初就是哭，这时的哭属于“原始功能”，他又能够练膈肌、肺活量，练声带、口腔，练与发声有关的肌肉，等等。出生后大约在6～9个月期间，这时的孩子开始模仿他的最近抚养人的发声，而且有了与人交流的意识和冲动。他冲着大人的每一次“咕咕”声，都是在为学习说话做准备。幼儿心理学和语言学上把这个时期称为“前语言期”。其实从这个时期开始，孩子再增加的任何“后天功能”，都要伴随着学习过程和不断修正才能获得。孩子越是早早地把最初的哭声变成“咕咕”声，并且针对不同的人、不同的事，对应以不同声调的变化，尽管外人甚至爸爸妈妈几乎谁也听不懂他在说什么，但这就是他要说话的前兆，因为这是孩子第一次萌发出主动意识下的“社交行为”！这时候，一定要有人（最近抚养人）成为孩子“咕咕说话”的对象，才能保持孩子学习说话的兴趣长盛不衰；也才能使孩子找到“模仿并调整发音”的接受对象。你对孩子的咕咕声的理解和回应，就是对孩子学习说话的最大鼓励。此时，孩子若哭得越来越少，“说”得越来越多，而且不同的咕咕声针对不同的事件和要求，就是他将要学会说话的前兆。这时候促进孩子学会说话的最有效办法，就是及时地理解、回应和鼓励。家长不要用太成人化的语言词汇与孩子交流，要用符合孩子特征的“娃娃语”——重复重点字词和咿呀地模仿孩子的不成熟的“话音”。让宝宝听起来更加亲切悦耳，相信他更容易听懂！反之，那种已经 3 岁左右，本来应该会用语言表达自己需求及感情的孩子，仍然停留在频繁地用“哭”来对付父母，是对进一步学习语言的“制约”。

另外一个方面，就是强调好的语言环境，一定要让孩子得到外界的回应，家长要有回应。家长在这个回应过程中，不仅有上述的功能作用，还可以给孩子提供一个唤醒他的镜像神经机制的机会，这就是后来产生的“模仿力”，并为再后面的“同理心”奠定了基础。最不可取的就是不理他，家长没有回应，还认为孩子的嘀里咕噜没有意义，几次下来，孩子自己也觉得自己好无聊，这些亲近的大人都不回应他，于是就懒得再“咕咕”了。当孩子的需求得到了回应和满足，那种寂寞、无聊和不安全感才能逐渐减轻甚至消失，更高级层次的需求才能凸显到主导地位。

这里最宝贵的是，家长对孩子“主动意识下的行为”给予了及时的回应！多多益善，爱莫大焉！这也符合我们“潜能自然回归法”的基本理论，即便是对正常的婴幼儿，建议也应如此。

问题33

康复初期进入“潜能自然回归法”的孩子是什么样子的？

当孩子在康复初期，自我检测并寻找到自然回归到他的“原始本能”的原点之后，自然回归过程就开始启动。而我们用传统观念干扰孩子的时候，他往往是进不了回归通道的。我们发现有的已经进入到“潜能回归通道”的孩子，由于家里情况变化更换了带养人，而这个带养人还坚持着传统的“干预训练”的观念，孩子竟然出现了徘徊或止步不前的现象。例如，替换的家长一来接班，就开始训练孩子：“打个招呼吧”“叫奶奶”“叫爷爷”。当孩子想吃香蕉时，家长不是关注孩子的需求，而是把香蕉举得高高的，然后抓住机会训练孩子“说，我要吃香蕉”，等等。家长这样做，孩子会感觉不到家长的爱，总是要完成家长的指令和任务。久而久之，孩子就可能出现：在家长的强烈要求下，或者太想得到家长手中的东西时，被迫不走心地完成家长的任务，暂时过关或者得到物品；可是在自然生活场景中不能“重现”，也就是不能“迁移”到生活中。这个时候表面上看，孩子面无表情地打招呼了，可是这种行为没有意涵，更不能在合适的场景自觉“重现”。

孩子是在打招呼吗？肯定不是，因为打招呼是通过运用“语言工具”开始“社交”的方式。他是鹦鹉学舌，他没有情感，传统干预训练法下，打招呼的发声动作和社交欲望之间没有任何联系。而且打完招呼后，人家再问他

“小朋友吃饭了吗”，如果没有教过孩子如何回答后面这句，他就会理都不理人家就走了，他脑子里面没有吃饭不吃饭的“刺激和结果”的反应链接，他没有与人交流的主动意识，打招呼只是他的单向输出，是在多次无意义训练中、刺激条件下出来的一种动物性的“条件反射”，只能是简单重复、刻板地直来直去。就像训练“拍肚子”，如果说成“拍肚肚”“拍个肚肚”“拍肚皮”等都不行，孩子没有任何反应。

因此，我们认为只有对事物认知程度的提升，才能让孩子回归到正常的轨道上来！所以我们要避免那种简单机械的训练，而是激发他对人际交往的渴望和需求，形成一种情感的流露。比如，当他对人产生情感交流的欲望的时候，他就开始了向好发展。你教他说“爷爷好”，爷爷看见孩子天真的眼神，就有一个笑脸面对，孩子就很愿意打招呼，因为他体验到“我的交流得到了认可”，我的欲望来自我希望得到回馈，而不是为了完成任务。孩子是一定想要得到一个好回馈的，这就是正强化、正刺激的效果。

孩子如果回答了，爷爷的笑脸更灿烂了，所以孩子要有这种欲望，他才能够主动去琢磨，这不是教他机械刻板的话语能够达到的效果。孩子与外界交往的欲望就会产生一种“内驱力”，就会开动脑筋琢磨：下次怎么能和别人交流得更好一点。爷爷问的时候，这句这么答，下一句该怎么答呢？虽然开始的时候，孩子的回答没有家长训练出来的那么准确，但只要是内在动力启动，他就会主动寻找合适的答案，或者主动询问家长该怎么回答。逐渐地孩子就学会自我匹配了，这就是能够在主动意识下的行为，是属于很高级的思维能力。而那种动物式的刺激训练是很难达到人类社交所需要的效果的。

有的家长问我：“贺老师，给孩子做口部肌肉训练有用吗？”我的答复是：“如果孩子特别喜欢您给做口肌训练，那当然挺好的！”但是没有哪个孩子天生就喜欢别人把自己的脸部和口腔捏来捏去，就像我们看口腔科或牙科一样，有很不舒服的感觉，咱们还是成年人，更何况本来对外界刺激都有排斥心理的孩子呢？需要强调的是，只要从小就会正常吮吸母乳，会吃东西，会张嘴哭，孩子的口肌基本是没有什么大问题的。即使极个别孩子天生舌系带有点短，也不会直接影响到孩子的语言表达和交流，只不过在发类似“是”这一类需要卷舌的音时有点不太清楚，而其整句话所表达的含义一点也不影响。

绝大部分孤独症孩子没有器质性变化，这些功能随着生理发育，他都应该有，只不过他在发育这些功能时没有得到正确信息的刺激，就没有启动出来。

所以，两个观念很重要，一个是启动，再一个是欲望！

欲望符合马斯洛需求层次说，在有欲望的情况下，启动的是主动意识在寻找对应的功能。从心理学上来说，认知心理学特别肯定主动意识，包括像蒙台梭利教学法也讲，兴趣选择就代表孩子的一种内在需求，就聚焦在他的欲望和他的启动。

如果从这两个点上的联系来看，镜像神经元不仅是一个模仿的功能，我觉得镜像神经元实际上是一种为满足人的生存、发展的内在需求，能够启发出学习动力的系统。

原始功能不需要学习，但后来越来越复杂的功能，包括人一生遇到什么事情，会增长什么功能，都是不可预见的，所以需要激发学习能力。

Q 问题 34

来了一段时间的孤独症孩子，哪些特征可以反映出“他开始打开了”？

“打开自闭”和找到“回归原点”，对于初期要发生转化的孩子，的确都是很重要的时点，应该引起老师的高度关注，加以识别。

举一个环境对孩子影响变化的例子。

很多刚来的孩子，听觉系统没有完全打开的时候，不管周围环境有多吵，都似乎跟他没有关系，孩子就像没有听见一样；当随着课程启动了听觉系统，稍微有点声音，孩子就觉得受不了，甚至会用手捂着自己的耳朵。很多家长都不知道发生了什么情况，更不知道该怎么应对。正确的处理方法是：我们可以根据他的状况，当他捂耳朵的时候，尽量把外面嘈杂的声音降低，或者可以给他换个地方，把环境调得他更容易接受，也就是提供一个适合他的环境。随着他的听觉的打开、调适和适应，当他达到正常听觉的时候，他就不会那么挑剔周围环境的声音了，没有那么敏感了，捂耳朵的现象也就减少甚至消失了。

刚来我们这里的时候，孩子的听觉，没有打开也好，或者主动关闭也好，他处理听觉信息的能力是比较弱的，所以才有这种不正常的现象。我们的课程帮他慢慢打开，也就是在提高他适应和处理听觉环境信息的能力。一旦他的能力提高了，就回归正常了。但刚刚打开的时候，他会过度敏感，相当于我们半夜想上卫生间，猛然把灯打开，眼睛就觉得光亮太刺激了，容易眯缝着眼睛，这是同样的感觉。孩子刚刚打开听觉功能，就觉得外界的声音太强了，其实这声音和往常没有多大的区别，但是对他来说突然就觉得很强。这个时候就给我们一个信号，他的听觉打开了，正在调适中！这个时候家长要注意保护他，他一捂耳朵，家长不能说不要捂耳朵，更不能把他的手拉开，家长要理解他待在这个地方太吵了，还要关切地说："这儿真是太吵了，要不然咱们换一个地方？"由孩子自己决定。因为家长去决定，你不知道孩子需要达到什么程度，让他自己去寻找一个合适的距离和环境。

还有的孩子刚来的时候，对自己、对周围都不太有感知，甚至没有分离焦虑，环境对它几乎不产生影响。反而是经过一段时间的课程以后，他对环境有了一定的感知能力，首先是感知自己存在（个体中心期），感知周围的存在（集体期），但他还没有具备处理问题的能力，这时他开始产生分离焦虑，即离开家长进教室上课时会有哭闹现象——说明孩子有了初步的启动！

孩子新进来和其他的孩子相处在一起，可能他还根本没有感知到其他人的存在，或者有意躲避他人。随着课程的游戏活动，他慢慢感知到其他人的存在，这个过程不能人为地加快，否则会使他产生焦虑或者防卫，再继续把自己包裹起来。应该允许孩子自然地过渡，到最后慢慢可以接受其他人，甚至模仿其他人。

环境不可能自然而然地发生作用，是老师课程设计的"先跟后带"所发生的主要作用。

我们是利用或借助环境，并不是说只要有环境就不要老师了。对于孤独症孩子，学校、老师也是他的环境，周围的同学也是他的环境。我们也利用了这种环境心理学，而不是去屏蔽环境对他的影响力。孩子对社会环境得有一个真正的适应过程。

Q 问题35

孩子进入回归过程后，老师是怎样激发孩子语言的？家庭应该怎样配合才有助于语言的发展？

婴幼儿发育语言的方式，最初就是哭，同时练膈肌、肺活量，还有他的声带、口腔等。也许他在某次哭当中，发出了一个字，如果此时他能得到回应，就对他的语言发育是一个激励。比如，宝宝在某一天，特别是不满意哭闹的时候，无意当中发出类似“来”的音，如果宝宝嘴是闭合状态，使劲一哭比较容易发出“妈”的音，发出“爸”的音。我们称之为“碰词儿”，无意中碰上一两个字词。这时如果家长抓住时机，马上开心地回应：“来”，或者“妈”“爸”，而且模仿的声音要尽量和宝宝接近或者一样。宝宝也许听不懂，但是他听得出来大人是在赞扬他。当他发现发一个音还能得到表扬，虽然当时暂时不可复制，但是能得到外界回应，会对日后的语言有很大的帮助。这种孩子语音的复制能力，相比于没有得到回应的孩子的复制能力要稍微提前一些。因此，我们老师在课程游戏互动中，就充分地利用了对无语言的孩子的发音采取“捕风捉影”这种特点，在互动游戏中让孩子开心不已，并且愿意发出很多音节，能碰上的场景的字词也就逐渐多了起来。一旦孩子得到老师的认可、鼓励和赞扬，就更加愿意发音，逐渐到开口说话了。希望家长在日常生活中尽量避免枯燥地“干预训练”，而是利用孩子的兴趣点，跟着孩子的思路“捕风捉影”，回应他的有意无意的“碰词儿”，会收到一定的效果。

孩子最初的语言就是需要外界有回应，这样他就能得到一个镜像的图式，看着外界有人模仿自己，“跟我是一样的，表情是一样的，发音是一样的，而且口型也是一样的”。孩子那时可能不会有清晰的分析能力，但是他会更加认可自己的这种行为。孩子能够感受到自己想表达的东西，家长是理解的，逐渐地会向家长敞开心扉，甚至都没有觉察到自己怎么已经从那个熟悉而可怕的“黑屋子”走出来了，即使感到外面很陌生，退回去再观察一会儿，那也是一个“跨越式”的进步啊!

给孩子以回应，要结合当时的情景。如果起初没听懂孩子说什么，切忌不理他，不要对他没有回应。家长认为他嘀里咕噜发声没有意涵，然后他自己也觉得“我好无聊，都没人理，说明我不值得被人重视，说明我还没准备好”，就懒得再嘀里咕噜了。大人不要认为孩子小，没有思想，其实小孩子是有思想的。他的思想很想得到回馈、得到认可。可是大人怎么就这么不舍得给孩子一点点鼓励呢?！其实孩子只需要“我一哭你就来关爱我了，或者喂奶，或者来看看换尿布，或者抱一抱，我嘀里咕噜，你能够和我回应一下”而已，他觉得能够得到这些“好处”，他的表情、表达“语言”就有了意义。语言就是用来表达情感、要求的工具嘛。

同时，在这个过程当中，家长通过回应，也能发现孩子到底都有哪些不同的要求和表达，一旦跟他的意涵碰上了，孩子会感到很高兴！他就不哭了，甚至还会开始乐，还会手舞足蹈，这些行为都是他的“肢体语言”。其实不管你听没听懂，孩子觉得你回应他的话就暂时满足了，觉得你能够模仿他的发音，说明他的声音很好听，他就满足了。

孩子会知道通过什么方式讨好别人，别人对他的好，孩子也能感觉到。孩子小的时候，家长多抱抱他，不要等到孩子要哭了才抱，一生下来就一直放在床上，孩子就以为这就是常态，缺乏与亲人情感的连接，这样不利于孩子的发育。

关于说话的内容，不用刻意去教他，而是在平常跟他交流的时候要尽量简单化，开始是名词的解读，放慢速度，比如说香蕉，说你吃不吃香蕉，“香蕉”这个中心词就说得要慢一点、突出一点。名词很具体，就多说那些容易和实物对应的名词。如果一开始就想要加上副词和形容词的话，孩子就比较难理解了，反而给初期语言发展设了一个障碍。

Q 问题 36

孩子会对老师产生依恋吗？对老师的依恋会促进孩子的转化和进步吗？

谈到依恋，按照孩子正常转化阶段来说，他跟老师的依恋应该是在对母亲产生的依恋之后。如果顺序反了，先出现对老师的情感依恋了，那就说明母亲做的不能让孩子满意，他觉得在老师这里更能找到这种依恋的感觉，这是在弥补婴幼儿阶段亲子依恋感，是把老师当成了妈妈的“替代品”。在妈妈还没做到位时，老师对建立孩子的“安全感”也是很有帮助的。可以这样讲，孤独症孩子，都是在和母亲或最亲近的抚养人的交流方面，出了情感连接问题，失去了建立安全感的关键期。对母亲的依恋是孩子建立安全感不可或缺的最核心的成分。因此，做母亲的此时需要“快马加鞭”，赶快改变自己之前的“有条件的爱”，要做到“无条件接纳和爱”才行哦！

另外，基本上每个孩子在特殊阶段都会对某个老师产生依恋。这可能是因为每个老师特点不一样，正好赶上这个阶段，对于这个特点的老师，孩子更有安全感、更容易接纳或者产生交流吧！

随着孩子逐渐进步之后，他所依恋的老师可能也会变更，再到最后接近恢复正常之后，他就不会说只跟着一位老师了。到了某一个时期，孩子会比较执着地就认某位老师，别人都带不走。可能到了接近正常阶段，他仍然比较喜欢这位老师，但是跟别的老师上课也是可以的。他不会像早期那样，跟别的老师根本上不了课，或者能跟别的老师走，但是上课的时候不配合。孩子正常之后跟这位老师更好，跟别的老师也没问题。也就是说，孩子对老师产生的这种依恋，对促进孩子向正常方面转化，提升他的感情交流能力是有好处的，是有积极作用的。孩子的依恋感随着他转化为正常孩子的过程，也趋向于正常孩子的情感。他可以逐渐地摆脱单一的依恋，得到多方面的情感交流。这表明，随着孩子对周围环境的掌控能力的提高，孩子已经逐渐度过了达到并建立安全感的阶段，这样他才有能力去拓展家庭之外的人际关系，即社会交往。

Q 问题 37

孤独症孩子在初期为什么用余光、斜眼看人？

当刚来的孩子度过最初阶段的无视，通过各种游戏和老师的引导，开始想融入群体时，他就会自我去选择跟自己交流的对象。周边一定有比他强的孩子，也有比他弱的孩子。对于比他弱的孩子，他用余光一扫就觉得自己有优越感，这对他的自信有好处。对于比他强的孩子，他用余光一扫，“我可以跟他学东西，一旦我能够追上他一点点了，我就可以找他玩”。孤独症孩子提前都有一个预感、一种向往，这会增加他的模仿能力。但是他不会像行为干预的那样跟着学，到了那个程度他才会跟着学，没到那个程度他会装没看见。

其实他是看见的。因为他们的余光超过我们的主光，相反他们早期的主光跟我们的余光差不多，甚至还不及我们的余光。他们是反着的，会随着课程的进展，随着他各种功能的开启、自信的增加，他逐渐会把主光增加，当主光提升了，余光自然下降，逐渐接近正常人的眼光。

所以家长都说孩子刚来的时候没眼神，眼神是散的，不聚光。到后面眼神越来越亮，眼神聚光是因为他的主光观察能力提升。

孩子原来的眼神是散的，眼里没有你，也没有内容。比如孤独症孩子看某个人，他会想：“其实我在观察你，因为我不自信，我要看你的时候，我又没有内容，我又不能应对你，你看见我在看你了，你肯定要跟我说话，我要回避你。我又没有能力应对你，我也读不懂你的眼神，所以我就回避。但是心里又存在着一丝想法，因为我要确认我安不安全，你对我有没有威胁，所以我要稍微看着点你。”所以他刚开始没眼神，其实他的主光是没有注意力的，主要靠余光。

到了中期的时候，孩子会斜着看人，刚开始是余光看人，然后他有一点点自信的时候，他就斜着看人。至少你知道他在看你，但前提是你不知道他在关注你。好像他压根儿就没太看你，但实际上是在关注你。

这跟孩子的自信程度是成正比的。如果我没有足够的自信，我就不能让你发现我在关注你。如果我有了一定的自信，但我又不知道能不能应对你，我就斜着眼看你，你可以和我出现交互，我也可以随时躲开你的眼神——这就为自己保留了一条退路。

当孩子完全有了自信以后，他就可以直接看你了，这个时候他就有一些应对能力。所以这不是像强化训练方法，即使你把孩子的脑袋直接扳过来或者抠嘴型都不可能解决，因为他压根儿就不理解你为什么要强迫他。强化干预训练的一切结果都没有与大脑建立主动意识上的连接。从这一点来看，是违反孩子心理感受的做法，不符合儿童心理学。

Q 问题 38

如何看待孩子在提升、转变过程中，产生骂人、撒谎的现象？

家长的转变要和孩子同频。家长的观念首先要改变。比如，孩子来了一段时间以后学会骂人了，家长认为这是不对的，是不可接受的坏毛病。但是，我们认为这是孩子发育发展必须经过的一个阶段。我认为，虽然骂人不是一件好事，但那是孩子必然经过的一个低级阶段。“骂人”对于孩子就像多米诺骨牌的一个阶段，你不推倒这张牌，后面的牌就不会被推倒，“转化过程”就难以继续。如果我们把“骂人”当作一项动物的“原始本能”，就像小猫见了其他动物接近它的食物时会发出“低沉的吼叫”一样，那么这项本能也会随着孩子的进步而逐渐消失。“骂人”是孩子最终融入社会的必经阶段，孩子最终会以更高的交往技能超越和摒弃这种“本能”。

到了一定阶段，孩子出现了“骂人”现象，其实也是他某一个大脑区域在兴奋，但家长认为孩子学坏了。家长认为孩子“是有改变”，但是骂人是不对的。我说“骂人是不对”，但那是成人社会的行为准则，就像我们看待1岁以内的小婴孩会在床上拉屎一样，你不能说他是不对的，而且你一定相信，终究有一天小婴孩会长大，不会再在床上拉屎了。在孤独症孩子回归正常的过程中，他上升到这个程度了，他骂人的脑区开始兴奋，别人骂一句，马上就跟他内外共鸣。这种短暂的“骂人”现象正说明孩子在进步。

孩子产生了“骂人”现象，而“骂人”也是有技术含量的行为，有以下要点：(1) 孩子从刚来时对骂人没有反应到有了反应；(2) 对“骂人”的含义有了分辨能力，能分出“好”与“不好”；(3) 学会了模仿他人如何骂人来应对别人骂人；(4) 再到组织语言去压制对方，这是社会生存的必要能力之一；(5) 最后还会提升到超越用脏话“骂人”的低层次，想到用更高级的“文明”的语言去回击，使对方被彻底压制住。这等于在语言组织、社交方式方面得到了提升。

随着课程的推动，孩子后来发现“骂人”不是与人相处的最好办法，并不能得到别人的认可，孩子就会自动提升自己的语言应对能力。孩子就不再骂人了，而且提升到学会不用骂人也能解决问题。这不是因为家长三令五申不让骂人的结果，而是孩子为了改善生存环境的潜意识、自主意识下的行为变化。有的家长使劲阻止孩子骂人，等于人为地不让与骂人相应的这块脑区兴奋发展出来。任何一块前期的“原始功能脑区”都会先被分拆、重组，成为构成下一个高级功能脑区的基础元素。有的家长使劲“摁着”不让这块骨牌倒下来，后面的脑区发育、社交语言发展就不会出来，结果往往适得其反。而先期那些在回归过程中经历了“骂人”的孩子，到后来就学着用更精辟、准确的语言来反击他人，即不用骂人就可以制服对方，提高了语言的效力。

Q 问题 39

长期不来上课的孩子，最容易出现反复的是哪些点？

通过很多案例表明，孩子停课前停止的那个点会在大脑里留下痕迹——他会自我检测出来那个“断片儿的地方”，并且会稍微留出一些“重合”，让后面回来接着上课之后的教育活动能够无缝地连接上。进入回归通道的原点是如何找到的？一旦进入回归通道后，从懵懵懂懂到逐渐清晰，就表明已经从回归原点起步了。从一进来到进入“回归通道”开始转化，是要经过一个阶段，通过无数案例观察到，这些阶段是不可能被跳过、被省略的。我用“复演论——重新进化一遍”，来形容这个过程的必要性和不可逾越性。因为作为正常的孩子，这样的发育顺序和过程也是不可逾越的，是一样的道理。凡是家长想“缩短过程”的，结果都是欲速则不达，反而是那些安心遵照老师指导，配合得好的家长，结果进步得反而相对更快。

Q 问题 40

在接受“教育转化”期间，家长如何对待孩子微小的进步？如何看待孩子进阶式的“退步”现象？

当孩子被诊断为孤独症时，家长都是处在惊讶、焦躁、挫败、茫然、痛苦的情绪之中。尤其是那些在孩子 1 岁时还表现出超常技能的家长，和那些事业成功属于“三高”的家长。

一位孩子的妈妈曾经流露出她心理上的一个痛点：“我一直不能接受，我家几代人也没有做对不起别人的事，怎么会是这么一个结局——孩子好好的就变成了孤独症，那不成了一个废人吗？但是幸好我来到了这里，听了老师一席话，我现在想通了，我家孩子若按照老师指导，就能逐渐得到改善，甚至还有望接近或达到一个正常孩子的状态，我似乎快塌下来的天也算见到了一线希望。”这位妈妈在老师的启发下，开始努力从极度的挫败、失望中走出来，并且逐步认识到自己以前的做法有不符合孩子发育之处。

其实，我们说的“没有器质性病变”的孤独症（及谱系）孩子，本来都具有和正常孩子一样，甚至还可能有更聪明孩子的素质——他们是一群高度敏感型神经类型的人。他们是在某一个发育时点上，受到外界不当的教养环境的刺激和影响（包括家庭主要成员感情传导上的障碍等因素），在人生的岔路口走错了路，进错了门，才成为今天这样的状态。往往这种“不当的教养环境”难以被家长察觉，而且可能还被蒙蔽在家长认为是成功的例子之下。这些后来成为孤独症的孩子，他们和那些舞台灯光下的“诗词神童”“钢琴神童”“数学神童”等，当初都是一类孩子！你应该为有这么一个孩子而高兴，虽然不能说马上就为他感到骄傲，但是你要坚信，只要你选对了路，他是可能会让你的努力、心血得到回报的，“潜能自然回归法”就是他们最好的回归心路。

过去由于不少家长受到广告词“不能输在起跑线上”的鼓动，再加上不尊重儿童发展规律的观点和言论的影响，更有早教机构在孩子还没有达到成熟程度时就一股脑儿赶鸭子上架，有“急于／极端早教”的错误做法，包括感情关怀、传递方式不当的做法，由于个体差异，导致孩子幼小的大脑和躯体发展出现了极度的不平衡，才逐渐成了今天这个样子。

首先，这里的“教育转化”课程要使孩子回到回归原点，就是把他原本发育还没有出现偏差的那个点找到，这是一个艰难的门槛。刚才说过，孤独症（及谱系）孩子就是“走错了门”的聪明孩子。这期间孩子的一切“行为不入轨”，我们都当作一个小哺乳动物在向人类的进化中所表现出的行为、现象，在理论上被称作“向原始性的复归”。认知心理学观点表明，人类个体发展首先要完成从“原始性”向“个体性”的发育，而孤独症（及谱系）孩子正是在这个阶段出现了问题。作为家长，不论你看到孩子出现了什么样的“原始行为”，你都要接受他。因为如果孩子一直处在被严密包裹、封闭、保护状态下，他的发育等于停留在某个阶段，反而是不会出现这些原始行为（受阻）的。因此，这是一个好的开端，伴随着课程创造出来的氛围，在自然的释放中，这些“原始行为”才有可能表现出来。一旦孩子依次地表现完了并从中获得正常年龄孩子的能力行为之后，他的原始行为就会依次自行“隐退”，孩子就会一步一步进入转化通道，逐步接近、走向正常了。

其次，在孩子“转化”的最初阶段，孩子的进步可能很慢（也有的孩子进步比较快），家长不要着急。因为这里的“教育转化过程”是在点燃孩子的“主动意识”，是心灵的希望之火，是为了今后的一切行为都由主动意识驱使发生、去完成而打基础。孩子虽小，但是他的“自闭”很大程度上是他承受不了外界对他的压力、对他不断加码的刺激，他对周围既不能够改变，对自身又丧失了希望，主观与客观上都迫使他选择逃避——自闭。更小的孩子由于天生的高度敏感性，他的自尊心发育得比一般的孩子更早、更稚嫩，也更容易受到伤害。也就是说，孩子的天性被压抑、被封闭、被泯灭了。这一时期的主要任务是重新点燃孩子的灵性之火，具体方法就是“先跟后带”，即巧妙地跟随他的节奏，让其先自然释放，使孩子从封闭中走出来，才有可能“渗透引领”他走出“自我封闭”的圈子。所以，对孩子要格外小心呵护，慢一点是必然的，只要在孩子身上一直发生着转变就好。这期间，往往欲速则不达，静心养性的“慢”反而会为后面的“进步快”打下好的基础。

再后面，孩子还会出现一些进阶反应，家长很容易认为是“退步”的现象，比如骂人、撒谎、不善表达、攻击他人等，这些行为在成人社会的准则下是不被允许的。然而，成年人也是从孩童时代发展成长而来。这些行为是一个人成长的阶段性“副产品”，是进入成熟的必然经历，也是“自我保护意识”的初级能力，是人类认知探索周围的最初级阶段，也是保护自己的最初级手段。随着个体的认知提高，自制能力的增长，当他已经具备利用道德和法律来约束和保护自己的能力时，他的能力就会慢慢上升到“公序良俗”所能接受的各项行为阶段，就不再频繁地使用这些初级行为来保护自己，随着个体社会性的提高，这些行为也会被自动地放弃。作为进入良性循环的孤独症（及谱系）孩子，也必然经历这样的阶段。相信他们在自然回归过程中，会顺利度过这个阶段。

Q 问题 41

为什么有些孩子在进入普通学校一段时间后，下午还要回来上课？这时孩子最容易发生的问题有哪些？主要上哪些课？

孩子康复到接近正常时，就可以步入普通学校学习了。但刚刚踏入正常学校时还需要一段时间的“双轨制”，也就是每周抽出一两个下午过来上课，以达到巩固、平稳过渡和杜绝反弹的作用。

最容易出现的问题就是孩子对新集体的环境适应能力和规则意识尚未完善建立，比如个别孩子会因为喇叭声太大了接受不了，到了上课或下课要打铃的时候，他就往教室外面跑。家长可以早观察哪个地方的铃声最大，设法躲过这样的铃声。

但最常见的问题是规则意识和人际关系的适应，主要表现在还有个别孩子不上体育课。因为上体育课不像上其他课，是在教室里面坐着的，让孩子有一种归属感。上体育课是在一个空旷的空间里，而且随时变动队伍，他就感觉有点跟不上趟，自己又不愿意“从众”，感觉自己没有人缘挺孤单的，于是对体育课存有恐惧。我们前面说过，孤独症孩子经常处在焦虑和恐惧之中，能够鼓起勇气去上学，他已经进了一大步。这时候孩子已经大部分融入学校，存在个别的问题，就需要我们继续去跟踪观察他，发现这些问题并帮助孩子解决。

关于学习最突出的问题是，孩子刚开始不愿意写作业，但老师讲的课程主要内容都没有大的问题，一旦落实到写就有点犯难了。因为写作业需要手、脑、眼并用，对于刚刚康复正接近正常的孩子来讲，难度是挺高的！孩子得有一个适应的过程。

Q 问题 42

孩子下午回来，你们这儿也不上体育课，这时给他补习的是什么呢？

我们不是“头痛医头，脚痛医脚”，我们用心理学的“扯被子现象”来说明。我们把孩子的心理应对能力比喻成一床被子，当孩子的被子还不够盖，这床“被子”不够长或者不够宽，盖住了脖子就盖不住脚，盖住脚就盖不住脖子。这时如果我们继续拉扯被子，被子就被撕烂了。这个时候我们应该看到并且承认孩子仍然需要克服一下困难，而不能强制他去做什么，不能说孩子非得和其他同学一样，就要去上体育课，认为孩子锻炼两次就好了，不能这样做工作，否则十有八九可能会出现孩子重新把自己封闭保护起来的反弹风险。等他完全适应了，有了适应成功的体验了，难关就过去了。

请记住，对待孤独症孩子，任何人为的、强制性的干预、训练、课程等，都不适合他们。

我们跟家长说，让孩子暂时不上体育课，在我们这个地方增加“被子的长度、宽度”，其实就是增加他内在的一种能量，一种应对事物的能力。那么经过一段这样的适应性课程，孩子的自信就上来了，当他能够把控这一切，他知道体育课自己该在什么位置，老师说了什么指令他该怎么办，这个时候他就不再恐惧。恐惧来自“我应对不了”，恐惧影响了他对外界的判断分析以及对自我的调适。

Q 问题 43

孩子已经基本能适应普通学校，但是还有个别场景使他存在不安全感，针对性的“继续课程”是什么？

我们的课程是继续去看他缺失哪一块，他自己从心里就会在哪一块上主动去迎战。“继续课程”就是去帮助他完成这个过渡。这一块非常必要，就像老话说的，“真要拉出去遛一遛”，否则不能算是真正过关了。但是我们的课程仍是从整个系统入手，从提高心理的适应能力入手，不会只针对某一个环节“给予刺激”，那样又将落入单纯的行为训练“头痛医头，脚痛医脚”的窠臼。

Q 问题 44

孩子缺失安全感，这时候要做的是什么？

如果孩子缺失安全感，我们的老师就会给他创造一个条件宽松的环境，然后让他来发挥。举一个例子，比如我们老师会在孩子有意愿的时候，由孩子来当老师，老师甘拜下风地当学生。“你来吧，老师现在不会做了，你说该怎么做呢？”听到老师这样说的时候，孩子就跳出了自己的角色，那个自己被困的角色，他突然就破壳而出了，因为他觉得原来自己也能像老师一样有能量、有气场，原来这么简单。其实这种方法也被用在提升正常孩子的学习能力和逻辑性的训练中——“四轮法教学”就是一个典型的例子，即老师和学生的身份互换，启发学习者的责任感，以及多重感官互动来处理学习信息。

也可以把这种方法称作“跳脱法”，让孩子自己不知不觉中就跳脱了出来，因为他在学校里面还没能完全适应，所以会有焦虑或者恐惧，或者对自己的控制能力不自信。在我们下午的课程当中让他得到缓解，或者让他自己去逐渐降低，使他自己跳脱出在学校形成的焦虑的氛围。我们始终在运用“唤醒主动意识下的行为”这个原则，启发孩子自己教育自己，在实践中完善自己。

在我们这里，孩子又回到他原来熟悉的环境，其实这个过程就是在培育、强化他那些正向的能力。这也是在无形当中帮助他模拟，自我演示一个

“成功、自信的自我”。把学生和老师的角色换位，这会增强他的自信（当一个人亲手做成一件事情以后，他回想起来也不过就这么简单）和对自己拥有解决问题能力的自信。等他的能力增长到在某些环境下他成了一个能够左右别人的人的时候，他自己就从那种时常的不自信中跳脱出来了。这种心理转换的例子，在成年人的生活中也是常有的。

所以，孩子又回来上课，不是补在学校上的课程，而是在让他获得适应学校学习生活的能力，是通过我们特殊设计的、有针对性的课程，帮他补上能够融入集体的自信心的课。

Q 问题 45

孩子的“哭”有哪些典型特征和重要意义？“哭”这种方式是怎样发生的？孩子又是怎样不“哭”了？

孩子用哭来表达情感，婴幼儿的哭就是他的“语言”，是他从母亲怀胎时带出来的很重要的一项“原始功能”。当孩子处在 6 ~ 9 个月时，这是他的“前语言期”，也是大脑发生剧烈的调整过程的时期。这个期间如果教养方式发生重大变化，会让婴幼儿感到不安或难以适应，很有可能给孩子造成一些个性、习惯、感情上的变化，这既是情感损失，也可能为后来产生自我封闭埋下了伏笔。

建议婴幼儿时期的教养环境中，主要照顾人最好是家人，当然母亲是首选。孩子应该跟着母亲，是因为他自胎儿起对母亲的心跳、气息都很敏感，母亲对于他是一个非常熟悉的，而且是非常安全的环境。对于由母亲的身体传来的震动频率、声音，孩子都有感觉，他觉得是在母亲子宫里的那种感觉，自己是被保护的，所以说婴幼儿最好晚上跟着母亲睡——即使母亲白天要上班很辛苦。

孩子用哭来表达情感，哭是怎样发生的？又是怎样消退的？一般孩子到多大的时候，他就不再以哭来表达他的情感了？

一般刚来我们这里的孩子不太哭，特别是经过长期强化训练过的孩子是不会哭的。倒是年龄偏小、还没有被干预训练过的孩子，来的时候还会哭，还有情感反应。

这个哭的意义是非常重大的，其实哭是一种最初的语言表达的形式。新生儿生下来就会哭，生下来不哭的孩子反而让医生很着急。哭还有一个功能，他从羊水里面的呼吸转变成用肺呼吸，用哭声把呼吸道打通了。如果不哭，孩子可能会憋死了。

所以，哭往往是孩子人生又要进步的标志，又要获得新的进步的情感表达方式。孩子的哭从最初单纯的哭声到后来有目的性的哭，然后一边哭一边表达，当语言能够达到自我表达的程度之后，孩子就不再单纯主要用哭作为表达情感工具了，这当中的变化最初还是“哭”开启的！

最早的哭还有一个功能，促进大脑的发育。举个例子，我家孙女出了满月后，有一次大哭了 40 分钟，那个时候大家都急得不行了，吓得不行了，我却觉得为什么要着急。

与此形成对比的是，孙女在月子里都没怎么哭过，这倒是我最着急的事情。现在她一哭，反而让我觉得契机来了。我抱着孙女跟她讲一些话，即使她听不懂，我也没打算让她听懂，只要能让宝贝感受到奶奶在理解她，让她哭得更爽更彻底而已。孩子边哭，我边抱着哄着，直到她哭了 40 分钟，没想到哭完了之后，我摸了摸孙女头顶严重凹陷的囟门，竟然出现了一个不可思议的变化：凹陷中心居然长上来差不多两毫米，明显能被摸出来。这无疑是一件让人兴奋的事情！

其实，这是孩子的这部分脑区被哭的动作刺激得充血了。孩子不这样大哭，脑区充血就达不到末梢，甚至大哭促使孩子浑身的末梢开始大循环，这对孩子的发育是非常有好处的。但是人们害怕，以为这样大哭是不是孩子受委屈了，别把孩子哭坏了。其实不同年龄段的哭，作用是不同的。

我倒觉得，婴幼儿最初的大哭是在为他以后大脑的发育——脑神经网络适当地“充血”来打通和完善，在“找方向”，如果不能找到正确发育方向，倒是大麻烦了。他恰恰是用大哭，把他最末梢、最弱的神经网络启动了。比如说灌溉渠道水流达不到的地方，送水流量大的就给它“冲到了”，能冲过去就冲通了，这是一件很好的事情。不同身体素质的孩子在那个月龄、年龄上，神经末梢“通渠”的方式也会不同。那些常常发笑的孩子也在“通渠”，不过是以“嗨皮”的方式完成的。

在我们课程中，孩子一旦开始哭闹，就像在某个特定时间里开始大哭的孩子，他的发育就启动得快了起来，然后他的认知随着脑神经的发育也会得到促进。有的孩子甚至一边哭一边大喊，同时还夹杂着一两个字词的表达，无疑促进了孩子的语言表达能力。到后面的哭，就是要吓到你的哭，是要求解决问题的哭。孩子有时也有过高的要求，达不到要求便哭。当他把哭变成了他一种有意识的工具来要求你，达不到要求就哭个不停，这时才有必要引导他，让他用语言表达来解决问题。孩子会在表达过程中尝到甜头，自然就会自我强化语言表达能力和表达技巧。

由此可见，孩子的哭在不同月龄有不同的作用。所以我觉得可不可以这样推断，就是孩子的大哭是他最初开始发展他的情感交流的一种兆头、一种方式?

Q 问题 46

有的孩子在康复中，会有“买买买”的现象，这属于一种原始反射吗？他到底发泄的是什么？

关于“买买买”的现象，是在我们游戏课程推动下的康复过程中，孩子启动了认知，努力地想要有自己的自主意识下的行为，强烈地想挣脱家长过去的那种捆绑式的束缚，因此会有一种偏执冲动。比如，孩子要买这个东西，你不给他买，他就偏要买，一方面孩子想满足自己的兴趣拓展和探索，另一方面他似乎也在宣示主权：“我是独立的个体！我要独立！”因此，建议家长首先应尽量满足孤独症孩子的这种要求，顺势激发其对外延伸的欲望和探索精神。前期孩子的探索欲望和认知程度有限，一般只买几块钱或者十几块钱的东西，而且还是自己喜欢的零食居多。但随着认知和欲望增强，购物的花样、价格会逐步攀升。

什么时候可以稍微抑制一下这个欲望呢？价格！当孩子一次要买的价格太高了，比如超过 200 元，再结合孩子的认知程度，可能他对买东西的欲望没有那么重要了，而是“占有欲”即物权意识上升了，这个时候我们就要指导他稍微“收一收”。可以告诉孩子，妈妈去努力借过钱，但跟张家借不着，李家借不着。怎么才能巧妙地“收”而又不打击孩子呢？这时候要指导家长假装积极掏钱（或手机）要付钱的样子，但迟疑一下又说：“哎呀！宝贝，妈妈没带那么多钱，明天再买行吗？”目的是要让孩子懂得大人也需要努力，才能得到想要的东西

(正能量赋值)。需要说明的一点是，如果孩子强烈要，说明家长“收”的时机还不是很成熟，那就还需要稍微折中一下、缓一缓再说适当限制的事了。

对初期缺乏自信的孤独症孩子，“狂买”其实是伴随买的行为，促进他的认知发展的自信心。家长如果不给他买，他会想“在这个世界上我什么都不能获得，我活着是没有意义的”。在这个世界上，“我”有一种欲望，能够占有的欲望，这也是物权概念的建立，“所有权界限”的建立。物权使“我”占有这个物体，没有钱“我”就买不到那个东西。甚至“你的也是我的，世界都是我的”，在大街上看见哪个孩子拿个玩具，孩子顺手拿过来了，认为“那就是我的，因为我喜欢”，后来逐渐发现抢人家东西，人家会追过来抢回去，然后逐渐就知道要通过买，买了就属于“我”的，就产生了物权意识，这个过程非常重要。那些单纯的行为训练方法认为孩子不能想买啥就买啥，认为这样无限地惯他的欲望是不对的！但是对于初期孤独症孩子，不是这样的行为规则。孩子正处在从原始性向个体中心性的过渡中，要允许孩子在一定的时期内出现这种行为，这是他进步过程中的“副产品”。我们的观点是当正常儿童在 3 岁之前，孩子心理年龄在 3 岁之前，只要是能够满足的情况下，不超过 200 块钱的东西是可以满足他的。一旦超过 200 块钱，说明他的认知已经达到有一定理智的程度，就可以适当限制了。这个时候我们就开始要跟他适当“哭穷”，建立一些买东西的原则，稍微减缓他买东西的速度。怎么限制呢？

可以用奖励的方式来升华孩子的行为，让孩子的好行为得到强化，更重要的是他会认为自己的行为得到了认可。比如，家长带着孩子去上班的场所，家长就说：“爸爸大楼物业要奖励跟着爸爸加班的小朋友哦。”孩子很高兴地说：“我要糖葫芦。”家长说：“好，我们让物业奖励糖葫芦。”再问孩子：“要什么味的？”答“草莓味的。”然后爸爸在单位办完公，就悄悄下楼去买了一串草莓糖葫芦，孩子接过这一串奖励的糖葫芦，十分珍惜。后来孩子在车上本来困得不行了，还使劲撑着一路上把那串有五个草莓的糖葫芦一边吃一边品，觉得好吃得不得了。

买的过程中也在体现“先跟后带”。用奖励的形式，是正面刺激，带着正能量输入，这奖励是针对孩子做得好的情况，而不是一种训教。

Q 问题 47

如果预感到孩子要再次出现暴力喷发的情况，家长可以有意地用关心和鼓励的语言，推动孩子“出暴力”的强度吗？

这个问题提得非常好。“回归通道”的各个“期”，只是提供了一个大体的顺序，孩子再次“出暴力”是完全有可能的。有的家长就会用关心、安抚或者鼓励的方式处理，让他把“出暴力”的火气消一下；有的家长则会用鼓励的方式，把他的“火气”再拱起来。

这两个方式都不是特别好，不能用鼓励的方式鼓励他去“喷发”，那是错误的。我们老师既没有控制他、阻止他，也没有鼓励他，而是让他自然地去爆发。这样的爆点也是由他自己去掌握，他爆发的程度也是他自己去权衡，这样的话才能达到最深层的疗愈。

孩子什么时候能把心底积压已久、积压到快爆了的那些情绪释放出来，释放多少，只要他觉得是安全的，他自己都有一个检测的功能，所以我们不要用关心的方式去软化他，也不要用鼓励的方式让他走向偏离成长的轨道。用鼓励的方式让他爆发，今后这种爆发力可能会无法收拾，他自我检测、自我收放的能力就会受到影响。

如果说给他划一个边界，你今天表现得好一点，让老师更喜欢你，他向目标努力时，其实是在约束自己，这种约束对于他把不好的东西发泄出来，到底是有利还是有弊？当然这种约束是不太好的，那些积压已久的陈谷子烂芝麻的委屈和愤怒，早晚都是要发泄出来的，而且是越彻底越好！家长或者老师给出约束的边界，反而又会把他快释放的负性情绪压回去，这些情绪很可能又被封存起来，不知道什么时候才会时机成熟，他才会有能力再次释放出来。

像安慰、引导他，不让他去爆发，我们一般不用，否则他会刻意克制自己去“软爆发”。这种情况下他又要过一段时间，终于忍不住时，他还是要爆发。我们本来是跟年龄赛跑，抢时间，抢他的最后仅仅剩下一个尾巴的很少的时间“窗口期”，所以我们一般不用软爆发那种方式。用了肯定有现实的效果，但是从那么多年的案例来说，他可能会控制自己，克制自己，延缓了爆发。如果把爆发总能量看成一个常数，比方说它总共是 100，不能说延缓，最后他就只爆发 60 就不再爆发了，他还要把 100 都爆发出来，但是他有可能是这一段出来 30，下一段再出来 40，说不定在什么时候，再爆出 30。就这两种方式，哪一种方式更好？还是顺其自然好。

从这么多年的案例来看，孩子们会很敏感，因为孩子的认知程度还没有达到，他脑子里家长以前说的“哭闹不是好孩子”，他就会因此控制自己，想让老师更喜欢他。经过我的劝说，恰恰当妈妈的负刺激取消了，他在家里就开始“出暴力”了，这是新的进步，意识的障碍搬除了，认知的提升就会随之而来。

Q 问题 48

孩子自主游戏时，老师一直喊孩子的名字，会打断他的思路吗？最好的做法是什么？

孩子在玩玩具或者拼图的时候，如果老师一直喊他的名字，这种做法是错误的！但是老师为了不打扰他而处于沉默状态，那就更不对了！到底应该怎样才好呢？老师“唱名”效果是非常好的。也就是老师在陪伴的过程中，赞赏地解说他的动作，不管是自主课也好，自主游戏课也好，还是孩子独立完成一个作品也好，老师要及时悠扬地“唱出”孩子的名字，来夸他的行为或结果，而不是喊他的名字，更不需要让他答应。而是在公众场合下确认他、肯定他、认可他、表扬他，让孩子感觉到这个赞扬是他一个人专属的，他是独一无二的。所以老师的声音要轻重合适，既要能分辨出夸的是谁，又不能猛地大喊吓着孩子。

一般孩子旁边会有其他小朋友，即使屋里只有他一个人，你说“你画得挺好看的”，他也不知道这个“挺好看的”表扬的是他，还是表扬外面的一个小朋友。因为他还不自信，你表扬他，他却觉得你是在表扬别人。在他经过“教育转化”的后期就不一样了，老师表扬别人，他甚至会跟老师要表扬，问：“老师是在表扬我吗？”那就说明他的自信心上来了，会争强好胜了。但是前期即使表扬他，你喊着他的名字表扬，或许他还要怀疑一下，你是真的在表扬我吗？他往往不相信。所以他需要去确认自己的名字，让他知道的确是他做得好才得到表扬的。唤他的名字是因为他对自己和名字的连接是很松散的，所以一定要把他的名字说出来，然后表扬他。还要注意，一般表扬的重点不是结果，而是在过程或者特点上。不是说某某宝贝做得怎么好，而是这个作品好有创意，要抓住特点。表扬的前面一定要说是哪个孩子，不是要去打断他、喊他的名字，而是要公布他的名字。这不但不会打断孩子的行为，反而让他更加自信地继续专注地做出更有创意的内容，得到更多的夸奖！

要用准确简洁的词来说，这个东西做得好，是他做的，而且让他感到自己的名字很响亮上口，为的是让别人知道。这种孩子普遍是对自己的名字有些自卑，觉得自己微不足道，甚至不认可自己的名字，觉得自己的名字不好听，经常认为自己的名字是别人而不是自己。所以让他逐渐适应这个名字，在表扬当中把他的名字和他自己紧密地联系起来，不怕重复几遍，但语气上又不能打搅他，但要让他能明确感觉到自己是特别的，感觉到自己的重要性。

不怕重复的意思就是，表扬他的时候，不是说表扬一次就完了，要能够及时表扬，加深他的印象。要让他建立联系，让他不断地知道这个名字和他做得好是连在一起。也就是说，只要他有一个新的动作或者有一个新的改变，做出来有一个新的样子，这个时候要及时给他一个鼓励。其实他在做的时候，很需要听到表扬，他内心是在等待的，外表却表现得很淡定，好像不在乎，这是因为他怕老师看不上自己的作品。这个呼唤名字的提示，就在慢慢扭转他过去对自我的否定。这些孩子的特点都是长期影响下形成很严重的自我否定，造成了他们越来越封闭。

Q 问题 49

如果孩子不喜欢课上奖励，后面老师还能继续用这种形式奖励他吗？

当孩子已经表示不喜欢给他发的吃的或奖励的时候，我们要尊重他的意见，去准备他喜欢的，所以老师要准备孩子喜欢的各种零食。有时候还要更换，孩子今天喜欢，可能过一段时间又不喜欢，要让他感觉到新鲜感、有兴趣，才会有奖励的效果。切忌他不喜欢的零食，还非得塞给他，他就认为这个奖励是负担，抵消了他的兴趣，觉得“你们糊弄我，我做得好你们还糊弄我，我还不如不那么努力”。每当他有一点进步，都是经过他最大的努力，所以一定要给他喜欢的，如果不喜欢，老师要马上告诉他换他喜欢的食物，让每一个孩子都能感觉到自己是备受重视的。

一般老师包里都装什么样的零食？举例来说，以前的孩子就喜欢吃“好多鱼”（一种小零食），还喜欢吃彩虹糖、饼干、锅巴、青豆等。

糖块也给，彩虹糖里面有很多口味，大约有六七种颜色，不同口味。如果是咖啡色的，一般就是巧克力味，红色的应该是红樱桃味或者草莓味，绿色的是青苹果味，黄色的是柠檬味。把颜色和味道连接起来，孩子们可以根据颜色来判断和选择他们喜欢的那种味道的彩虹糖，老师给他们的时候，也给他们一个选择的机会和自由度。

在课间“加点”的时候，培养“延迟等待”意识也是很重要的。传统的干预训练方式，是故意把要给孩子吃的东西放在孩子面前，让孩子看到却不给孩子吃，这样刻意练习孩子的“延迟等待”，反而容易使孩子产生一种负面情绪：“我想吃，你们故意不给我，那我就对着来吧。”会直接伤害到孩子的自尊心。

合适的做法是：延迟等待不是什么也不干在那里刻意等待，可以先让孩子洗手消毒，把孩子的手擦干净，这样孩子知道每次要得到东西都要经过这么一个清洁的环节，使得他们一方面在忍耐自己，另一方面又在一种很有兴趣的期待之中。而且老师也在不断地关心他们的情感，双方是在开放交流的状态下完成的“延迟等待”。这种延迟等待，恰恰不是要让他们失望，而是让他们处在有希望的努力过程中。从小培养这种“延迟等待”能力，成年以后，孩子会以平静的心态对待面临的各种挑战。

问题 50

对于年龄大一些的孩子，老师在课上模仿他们的动作或解说他们的行为，会不会让他们感觉身处“幼稚环境”，没有意思？

这与孩子的实际年龄没有直接关系，主要看孩子的心理年龄。如果孩子的认知提升上来了，接近正常孩子，甚至已经快达到正常孩子的水平了，这个时候我们还按照认知特别弱的小孩那样去模仿他的动作，他肯定会感觉到非常幼稚。所以这个课程以及老师跟孩子的互动方式要因人而异。要根据孩子的心智能力来决定，也可看他的表情，他愿意被你模仿的时候，我们恰到好处的模仿是不能缺少的。如果他感觉到你的模仿对他是讽刺，我们就不要模仿。也要注意“模仿”跟“模仿”效果不一样，过度夸张地模仿容易被误解为是对“我”的讽刺。

如果能让孩子感受到老师跟他做类似的行为给的是善意，他会感觉到你跟他是同伴，你是认同他的这个动作才会模仿他，这样他就比较愿意和老师互动，就达到了“先跟后带”的目的。

一般来说，动作模仿和伴有声音的模仿，可能都要有，要看老师“先跟后带”的孩子的认知水平到了哪一步。一般对于心理年龄小的孩子，模仿和解读都要声情并茂。而对于认知水平已经较高的孩子，老师更多的不是模仿，而是对他的动作内容进行解读，然后跟着他的行为内容进行延伸，跟他是正常的交流。这就对老师提出更高的要求，而不是他说什么你去简单地模仿什么。

对于刚开始来时还处于混沌状态的孩子，他们没有清晰的语言，特别是没有清晰的想法的时候，他们需要我们去善意地模仿，因为他们做一个动作，连他们自己都怀疑。他们的特点是，所做的动作幅度都很小，是不自信、试探性的。这个时候，我们按照与他们的动作差不多同样的幅度去模仿他们，他们就认为自己被看到了。孩子既怕被看到，又希望被人关注到，这个时候孩子内心是矛盾的。所以，当你看到了还以同样的幅度去模仿孩子，而且还面带笑容、充满善意，这时候孩子会觉得你跟他像朋友一样。

Q 问题 51

为什么个别已经有语言的孩子平常很难开口说话？

有的孩子，他的语言已经出来了，前些时候还表达得非常好，后来因为不来上学，在家里，孩子一个眼神，家长就知道孩子要什么，马上递了过来，或者马上把事情解决了，直接跳过了孩子用语言表达这一环节，孩子就产生了依赖性，影响孩子的语言发育。这种情况下，我们就要努力做家长的工作，要让家长认识到，孩子到了目前这种状况，应该引起家长的高度重视。同时还要教会家长多给孩子表达的机会，要和孩子确认他想要什么，即使家长早就明白孩子的意思了，也要假装不太懂的样子去和孩子确认沟通，这才有助于孩子的表达欲望和能力的培养。

问题 52

康复中如何利用哭声去辨别孩子的“原始点”？

利用哭声主要是判断孩子的年龄，不容易判断他的事件，因为事件在家里发生，不好猜测。但是有一点可以确定，就是孩子康复到这时开始“无故哭闹”，说明他开始回溯了，从年龄回溯去寻找他原来发生问题的点，那个点一般在家里发生的可能性比较大。他在幼小时候出现的问题，一般都是在家庭里面，小时候不太可能跟社会有交往，即使交往也是在家长的陪伴下。

在我们的康复课程中，有的孩子第一次出现了“无故哭闹”现象，为此他要具备两个条件：第一个条件是他当年受的伤害，他自己认为可能某一个点触碰了曾经对他造成伤痛的场景、事件、心情，也许是一首歌、一个玩具、一种天气、一道光线等，勾起了他不愉快的回忆；第二个条件是周围的环境让他足够放松信赖，让他不仅愿意并且有能力将积压已久的委屈和压力释放出来，愿意哭出来。这两个条件相比，可能后者更重要。就是说，这个环境值得他信赖，使他感觉非常安全。所谓环境，就是除他以外周围的人和物，就是老师和课程。我们对他的接纳，我们对他的认可赞赏，让他获得了一种能力，要去表达自己过去积压已久的情绪。他会想，以前哭是没有人理我的，现在我的每一个微表情老师都能捕捉到，还能够给我解读出来，他感觉到老师是值得信赖的。

不管做了什么动作，对于刚来的孩子，我们都可以赞赏他，为什么？因为他的今天比昨天要强。比如，他今天摔了一跤，但他昨天连路都不敢走，有的刚来的孩子虽然已经两三岁了，路都不敢走。因为他前庭觉发育不完善，走路就像在梦里，像在蹚水走路，走不稳，走着走着就摔跤。今天他突然走了一大步，摔了一跤，而是我们不表扬他摔跤，表扬他步子迈得好大，然后还说，不小心摔倒了，老师给你胡噜、抚摸一下，看要不要擦药？孩子可能会觉得老师是不是有点小题大做了，“我没有那么疼”。因为刚来的孩子往往痛觉是有问题的，所以他觉得没有那么疼。“我没有什么太大的感觉”，他马上就把撸起来的裤腿或者袖子撸下去了。因为老师还在关切地观察、询问，所以他马上就跑了。但是孩子的内心是有感触的，至少有一种备受关注的感觉，逐渐地孩子还会感受到被关爱！

Q 问题 53

有的家长给孩子“禁食”，这有哪些危害？

有的家长给孩子禁食其实是有一些误区。我们首先要弄明白，孩子到底是“食物过敏”，还是“食物不耐受”。

如果孩子被确定为“食物过敏”，那就应该按照医嘱进行严格禁食并治疗。但是如果孩子是“食物不耐受”，那就没有必要严格禁食，否则长期禁食可能会造成孩子营养不良而发育迟缓。绝大多数孩子不是食物过敏，而恰恰是食物不耐受。

对食物不耐受的孩子，对他们实行禁食反而是一个不太好的方式。

根据食物不耐受的临床及理论，首先，不耐受的食物为具体某一项，而自闭症禁食是一类，如淀粉类、肉类等。免疫学的禁食是禁掉不耐受的某一项，同时要注重同类食物的补充与轮替。比如大米不耐受就要用面粉补上，保证营养补给与均衡。“一大类全禁”是有违基本常识的。

其次，免疫临床统计，禁掉不耐受源，半年症状就会消失。禁食了这么多年，一个自闭症成功案例也没有，同时没有相关研究表明自闭症与食物不耐受具有关联性，只是个别医生觉得有帮助，但又没有回归社会的成功案例。

人天生就对母乳和其他东西都不耐受，因为胎儿在妈妈肚子里头，他汲取的是妈妈供给的血液中的营养。一出生突然要用自己嘴巴吃母乳，要启动自己的胃肠功能，他本身就需要一个适应的过程，最开始都是会不耐受的。

所以刚生下的孩子会起很多的反应，比如黄疸、奶疹等各种不适应。那么在这种情况下，我们传统的喂养方式并没有让食物永远别“进来”，而是让孩子逐渐去耐受，逐渐去适应。等对母乳适应了之后，他后面还要适应辅助食品。这里还要讲一点，就是如果生下来就不给孩子母乳吃，而只吃配方奶粉，那么当他过了最关键的阶段，比如过了头一两个月，当他失去了对母乳的那种需求的时候，你再给他吃，他可能就不吃了，不认母乳了，可能就对母乳更不耐受。

所以，这里不仅仅说的是禁食，还有如何从婴儿食品转换成辅助食品为主的适应过程。孩子都两三岁了，我一问家长，说还在给他单独做辅食，我说赶紧停掉你的“辅助食品”，给予常人的食品。不过要逐步地停，因为一直是这样，突然一停，孩子会觉得发生了天大的问题，或者不爱他了，而且太过突然，孩子的肠胃也适应不了。家长应该逐渐花 2 ～ 3 个月把给孩子单独做的辅食停掉，因为单独给婴幼儿做的辅食会比较单调，不放盐，不放油，不放佐料，味道也不足。这样的话，其实孩子的味觉没有得到真正的启动。

有的孩子禁食禁到一年或者一年以上的，就开始流鼻血，而且是流血不止，简直吓得我们不得了，家长对此却很淡定：“没事，你让他上课，你把他拉起来。”像这种情况，我们最后只能劝家长，让孩子先别上课了，这样上课的状态，孩子都没有精神了，他也吸收不了课程内容。孩子的眼睛也是发呆发直，要不就半闭着，他没有精力，脑子都不转了，还上什么课。

后来对像这样的孩子，我们就劝家长，这样上课的效果出不来。有时劝不动家长改变对孩子的这种做法，后来就劝这些家长先不带孩子来上课，只能忍痛给家长劝退了。因此，这些年来，我们一直都不敢接收禁食的孩子。就这么说，我们的课对禁食的孩子效果肯定不会明显。这些孩子未来如何，我们也很担忧。

我们这里的老师们，天天生机勃勃，都是特别热情洋溢地接待孩子们，看见孩子们每天的小进步，心里还很有成就感。但是每次见到这样禁食的孩子每况愈下的境况，我们老师心情就非常的沉重。这种盲目禁食不仅对孩子没有帮助，对老师们也是一种压抑和伤害。

禁食的危害，这里重点讲一下，它会造成孩子的营养不均衡。而孩子的发育以及他到我们这里上课以后，他们的身体需要的营养就要更加丰富一些，来补足（追加）他们的体能和大脑的加速发育、趋于发育平衡所需要的营养。如果说孩子禁食时间长了，他就没有足够的营养，或者营养太单一、太单调，最后造成孩子不仅没有精神，大脑反倒发育迟缓。比如大部分到我们这里来的孩子做康复，他们大脑的头围在明显地增加。然而禁食的孩子的头围就很难有增加的余地，体型也小。有的禁食的孩子都 6 岁了，抱在妈妈怀里就跟 2 岁的孩子似的，体重又轻，头围又小，明显处于发育不良、后劲不足的状态。

Q 问题 54

从孩子的哪些具体行为去辨别孩子回到了“回归原点”？

比如一个孩子现在都 6 岁了，却表现出才 2 岁的那种样子，包括声音、动作、形态。这个时候我们也不能够辨别确认 2 岁就是他的“原始点”。如果他自此开始往上提升自己的状态了，从他的心理年龄的行为表现来判断他可能“长到”2 岁半了，那说明 2 岁是造成他问题的“原始点”。

在康复过程启动之初，他的心理年龄和他的自然年龄是不会变的，但是他的现实行为表现会反映出与其心理年龄相应的行为。例如，一个 10 岁的孩子，康复到年龄回溯阶段时，其哭声或行为表现为两三岁的样子，继续上课，发现某一天又回溯到 1 岁的样子了，然后从这里他没有再出现“心理年龄的下降”，此后的哭声或行为表现开始逐渐上升了，这说明他在 1 岁的时候发生了一个他认为对他有伤害的重大事件，而家长可能根本没有感觉到那个事件。从回溯到了某一个事件“卡点”的那个地方去弥补，我们就称那个地方为回归原点。

以此来判断，他如果一直在降，那么就说明他还没有回到原点。如果他开始回升或者停滞以后开始回升，说明他接触到原点了，孩子开始重新回升了，开始“重塑回归”了。他找到了原始点，站在原始点他才能使劲。

孩子是怎样触及“原始点”的?

例如，有一个9岁多的孩子，他回溯的过程非常快，“快”源于他近3年是一个放养的过程，放养就让他过去被压抑的精神土壤出现了相对的松动。还有一点，他的转变源于家长非常接受和认可我们的理念，家长的领会能力很强。这么多年我们没有遇上这么大的孩子转化还这么快的情况。他(9岁半)表现出来的像两三岁那么小的孩子，偏大龄的孩子转化那么快的很少见。根据多年的经验，一般年龄小的孩子转化比较快。

这个孩子找到原点以后，说得通俗一点，孩子立刻就“转身”了，把原点的“苦水”倒出来以后，就开始进入重新发育过程了。可能我们遇到的不是一个精神完全板结的孩子，可能前期一些因素客观上帮他松土，他的那种刻板已经被松动了，所以一旦接触到我们的课程，就会比较容易把过去压抑得很深的痛苦释放出来，所以他转身的过程就比较快。我们没有遇到过转化这么快的9岁多孩子，也是因为如果要经过强行压抑的行为干预训练后，按9岁半的年龄，那孩子差不多被强行的行为干预训练了5年。5年的压抑，孩子的大脑会本能地自我保护，把自己所有的不愉快压在心底。这种压抑很深，最后他是无法分辨这些事情，他就把所有对外界的感受屏蔽了，把所有可见的人、事、物屏蔽了，除眼睛能够看见吃的东西——这是生理上必需的，其他东西对于他可能都跟空气一样。从他身边路过时，你跟他打招呼，他都不理，特别是陌生人。像家里来个客人要打招呼，孩子会当他是空气一样，对自己的父母还好一点，因为他要依靠父母才能生存。其他都被他自我保护的本能压抑了，他屏蔽了所有对外界的感受、外界的信息，连自己对外界输出的信息也屏蔽了。最后他就把自己装在一个无形的壳里面，非常形象的比喻是被关在黑屋子里了。旁人觉得他睁着眼睛，其实他在一个漆黑的屋子里面，什么也看不到。除非有他感兴趣的事情，才能使他打开一条缝，况且那条缝可以随时被关闭。

我们这儿的孩子也有走路的阶段，不过应该是孩子自主行为的走路，是他们为自己拓展认知的一个暴走阶段，我们称之为“认知暴走期”。不应该是家长或老师让他们天天走路，而是康复提升到了这个认知暴走期，孩子的好奇心上来了，每天课后，家长跟随着孩子去任意拓展兴趣的情况下，他们会尝试性地到不同的自然环境或者社会环境当中去走路，主要不在“走”，而在于观察、认知和学习，是孩子主动地、有目的性地探索认知世界，而不是那种随大流地跟着组织拉练暴走，那样是达不到让孩子从混沌中走出来的效果的。

Q 问题 55

孤独症儿童为什么对圆的东西感兴趣，而且一玩能玩几个小时？

对圆形的东西感兴趣，其实是婴儿生下来的一种天性，因为圆形的东西代表一种完美，在他的认知范围内，圆形是最完美的东西。随着他对事物认知的拓展，他逐渐发现还有比圆的东西更有趣的，有一些功能性的玩具，有一些不同的形状，他都会感兴趣，这证明他成长了。

孤独症孩子往往停留在一个小婴儿的状态，发育迟缓型就是没有发育完就停留在那里了，还有的退化到小婴儿的状态。退化型是指前期进步得还挺快，后面出现了退化。这些孩子往往小时候都非常聪明，超过平常的孩子。如果随着年龄的增长，孩子仍停留在对圆的东西特别感兴趣，而对别的东西不太感兴趣的状态，说明他没有去继续探索的这种动机，那就说明他大脑的发育有一些停滞了。而探索、好奇是幼儿时期最明显的特征，这个好奇心会驱使孩子的探索欲望，这个欲望就是孩子走出自闭的内动力！因此，对孩子探索欲望的培养是一个非常重要的方面！

对于一个东西玩几个小时都不换，可能有很多原因。一种是他对这个物品感兴趣，一种是这个物品可以给他一些安全感。而且孩子对物品的玩法也很单一，因为没有更多的认知和思维去支持他对玩法的深挖，更谈不上对物体功能的延伸。

但可喜的是，康复到后期的时候，他们的想象会把一个物体的功能延伸到我们大人瞠目结舌的地步。他会把一个体现这样功能的物体演示给你看，马上另外又加一个东西，说成另外一个功能的物体，他会按照“功能线索”玩出多种的变换、多种的玩法。甚至玩了之后，他对其中一种最感兴趣的还能够立体地画下来，而且还不是只在脑子里临摹东西，他们能够画下来，这就是他们的脑筋开动了。然后还能形成对这个物体的三维认知，能画出三维的图形来。这时候，就有好多家长说这个孩子应该去参加绘画班。但值得一提的是，一旦参加绘画班，老师就会按部就班地“规范”孩子的线条、顺序和颜色，把孩子的想象空间磨灭了。因为他们不一定需要成为画家，而是借用各种兴趣来开发大脑的空间思维罢了！

对于孩子的敏感，有的家长就想怎么来改变他们那种敏感的性格。敏感的性格不是靠改变，而是通过认知提升，使孩子获得安全感，对外界产生信任感，他们对周围人的关系的一种认知和信任，然后自然就会脱敏。

孤独症孩子的脱敏不是人为要去磨掉它的敏感性，而是要通过激发，让他们在好奇心天性的驱使下、灵感的驱使下，增加认识周围的“认知图式”。当认知图式丰富了以后，他们就有能力去面对和解决一些常见的、不同的问题，增长更多的安全感和自信心，自然就没有那么过度的敏感了！这也符合幼儿心理学当中的两个认知过程的特点，一个是“同化”，一个是“顺应”。

但是孤独症孩子的顺应，是对于外界比较生疏、新内容比较多的这种环境的认识。此时，孩子在这个阶段顺应的能力比较差，因为他的图式不丰富，所以此时应该丰富他的图式，让他能够心安理得地把外界不熟悉的图式容纳到他已知的图式当中，这就是同化过程。这类活动包括各种孩子感兴趣的与老师的互动游戏，诸如音乐律动、绘画、剪纸、彩泥、情景模拟以及智力等游戏课程，这些都是在不断增加认知图式，他就有能力去顺应，他才能把他目前无法同化的东西暂时放在脑子里面，之后再不断去同化这些图式，这样才符合认知心理学。

Q 问题 56

孩子甩手或在眼前晃手，老师满足了他的要求、转移了他的注意也没作用，怎么办？

对于这些刻板行为，不仅仅是满足了他就好了，更不能靠转移他的注意来暂时中断他晃手，那样不解决根本问题。一旦有机会，他还会毫无改变地晃手。有的家长以为只要满足了他，他就不晃手了，其实不是那么回事。

按照我们这个系统，“满足”只是不要让其成为一种更强的刻板行为。这些行为就像弹簧一样，你要压它就要张，你要拉它就要缩。孩子总是跟外界对抗，这种阻抗直接影响到他对外界的课程以及对外界的交流和关注。对他最大的帮助是让他对外界产生欲望，如果遇到了晃手就阻止他喜欢的行为方式，他就更没有欲望了。所以不要和他较劲，要先保护他的欲望。

所以，对晃手这种满足的方式，只是让他当时不要太过较劲，稍微缓解一下他的心情，因为他在晃手的时候一定是感到焦虑、紧张或者无聊了，只能允许他用自己的方式缓解焦虑、紧张、无聊，并不是说你满足了他就不晃了。晃到什么程度？有的孩子很快就过了，因为他随着我们的课程提升了认知，提升了兴趣范围，增加、拓展了关注点，他没有那么无聊了，他有一定解决问题的能力了，他就没有那么紧张和焦虑了；他有更多可以玩的方法了，就没有必要做那种单调而刻板的动作了。

有些孩子为什么甩手的时间很长？是因为回到家里，家长每天无形中还在进行“强化行为干预”。比如穿鞋一定要坐下来，要看着他穿鞋，穿好鞋才可以干下一件事。要求跟人打招呼，不管孩子此时愿不愿意，都得说“奶奶好”“爷爷好”。在这样的指令下，孩子就像小木偶一样完成任务，没有自主的思维和见解，这样的氛围跟我们的课程原则是相违背的。

还有的家长曾经请了半年假去找全国“最顶尖的专家”，或者去“最有名的机构”进行所谓的强化行为干预，半年之后又重新回到我们这里来。只见孩子的状况非常不好，反弹得非常厉害，本来已经减轻了的甩手行为又更加频繁而强烈了。家长说发现孩子退步了，才又回来。所以家庭的影响因素很难排除掉，我必须反复跟家长谈这个问题。

那种强化行为干预训练本身就是一种刻板（板结）行为，把孩子本来刚刚“松的土”又给板结上了。所以刚开始从我们这里走掉的孩子，到了强化行为干预训练的机构，这些孩子还能够通过训练获得一些个别功能的表现，那是因为孩子带着松了的土去的——他的情感不那么板结。可是一段时间强化行为干预训练把土壤板结了以后，孩子就全面退步，家长不得不又回来。就这么一个过程，把培育出来的小苗又给践踏坏了。

是否可以通过转移注意力来削弱晃手的行为？回答是否定的。转移注意力的这一会儿不晃手了，那时可能他的刻板就会减少一点。但是过了一会儿，他的晃手又出来了。有的家长也想“开发”一些能够转移孩子注意力的活动，例如行军走路等，但是如果认知没有提上来，这样做还可能增加孩子一些新的刻板。

如果家长马上拉着他走，或者老师拿另外的玩具给他，或者把他拉到另外一个场景，离开他最容易发生晃手的地方，可能那个时候他被打断了，他就在另一个地方待着，待在那里一会儿感到无聊，又开始晃手。有的时候，孩子想表达又不能准确地表达，或者思维马上又出现了转移，他也会瞬间晃晃手，为了疏解一下自己的情绪。

在这种情况下应该采取什么方法？我们左右不了家庭，就尽量去劝说家庭，但是在我们没有劝说好家庭的时候，我们尽量去解读。老师可以对孩子说："宝贝喜欢甩个手，甩一甩、晃一晃，老师也跟着甩一甩、晃一晃，老师没有宝贝晃得好。你看看老师的手好笨。"他这个时候一定会看老师一眼，因为老师开始自我暴露弱点，他突然意识到自己的晃手也是不好的行为，他的内心是矛盾的，觉得不该晃，但是不晃手更难受，没想到老师还挺理解他的，还帮他把他自己控制不了的不好的行为合理化了，这让他感到老师的理解和接纳。所以老师的"同频"能够暂时缓解一下他的焦虑，还为后面通过他自主意识下的行为克服困难，奠定了基础。

孩子能觉察到自己晃手是不对的，他有分辨能力，不用你去告诉他晃手是不对的。你还说他晃手晃得好，这个时候他就看你一眼，他就会观察自己确实晃得"很好"。其实在他一边观察自己，一边又在观察老师的时候，就已经从他的封闭当中瞬间跳脱出来，哪怕是一秒钟，哪怕是两三秒钟，他都有一个尝试，跳脱出自我看自我、看周围的一种获得信息的能力。就这样一次一次的积累，一点一点把他从"黑屋子"里拉出来。当他开始观察自己的时候，开始观察老师的时候，有可能也在观察旁边的小朋友的手在干什么，也会发现他们玩的玩具也挺有意思的。他就开始通过观察周围，有了对周围的感知能力。这就把他的自主意识呼唤出来，哪怕是一丁点，也是一个非常好的开端。

通过观察增加他的兴趣，扩展他对其他事物的观察；通过扩展他对其他事物的关注，他的无聊情绪就会逐渐降低。这种发展趋势，就会一点一点把他从刻板中拉出来。

Q 问题 57

已经有语言的孩子不愿意回答问题，怎么办？

像这种情况，要看孩子处在什么阶段，可能有两个方面的解读。

第一，孩子认知语言提升到能够自我表达的阶段，这个时候他愿意表达自己的想法、创意，自己对周围的看法。但仍然过度追求完美，对自己要求过高。这个提升促使他特别喜欢回答问题，哪怕回答得不一定正确，他也愿意找机会表现自己。但如果某一次好几个孩子同时抢答问题，他回答问题的时候，老师没有顾上，或者没有及时地肯定和夸奖他的精彩，那他有可能会多思考一下，不敢太过积极抢答了，因为他在好几个孩子同时抢答问题时自信还不太足。因此，我们经常培训老师对几个孩子同时回答、答案不一致问题的分辨能力，以及逐一肯定和表扬的能力。

第二，孩子提升到要产生自主意识的时候，而他对今天的主题内容可能不感兴趣。孩子会想："今天的主题课不是以我为中心的课程，所以即使知道答案，我也不答，我凭什么要回答？"有时候他还可能在主题课上继续思考刚才自主游戏课的内容。这看起来是一个不好的现象，但是对于之前还没有产生自主思维的孩子来讲，他已经处于自主意识萌芽阶段了，这时候我们一般需要养护小芽的萌发，而暂时放掉眼前主题课的回答。而且，他身边的配课老师还要轻声解读孩子自主意识下的行为表现，比如"我们在思考……""好吧，我们下次再回答"。

不愿回答，这是他的一种要追求自我的心态“作梗”，但是又可以去提升他的规则意识。所以这个时候，他既遵守了一定的规则，但是又有点消极抵抗。这种消极抵抗本来就是孩子的常态，有待在主题课上提升，来打破更高级的消极抵抗，达到一种新的配合，哪怕他不愿意回答问题，只要他能够配合坐下来，还能够来听课，其实他也可能在偷学。因为他还有一个顾虑，他生怕自己回答问题时答快了容易出错。我就能够感觉到这种孩子上升到这一步的时候，他答快了怕答错，怕答得不完美，但是他又怕答晚了，别人已经抢答了，他就会觉得自己再答也不会产生“轰动”的效果。在这种心态下，他干脆就暂时不答了，等自己准备好了再答。其实，他这个时候是在琢磨另一个问题，“我怎么样能答得一语惊人，我怎么样能够抢答还答得非常准确”。一般孩子到了这一步，他又有新的想法了。

这个时候不要打扰他的思路，要用和缓的语言轻声安慰他，不要流露出“你看你没有答出来”“你没有抢到”，那么他下一次心腾腾跳得更严重，甚至最后就会成为他的心理障碍。所以不能打击他，而要鼓励他，或者悄悄对他说：“其实我们可能也会，那我们下次回答。”这样他就觉得得到了老师的认可和支持，下次心跳得好些了，逐渐减轻到能够脱口而出的时候，他就开始像别的孩子一样去抢答。这叫“逐步脱敏”。

到了那个时候，即使抢答得不完全正确，他也没有那么在意了，我们管这个过程叫作“破完美”。在这之前，他们心理上就是追求过度完美，慢慢到了破完美期，这个过程不是把完美破掉了，而是破掉“过度”完美的心障。之后，他就不用那么在意了，所以他就会回答问题。所以老师要做的，第一是等待与陪伴，第二是无论孩子答与不答，老师都是认可、支持的，还要肯定他。老师向他传递的是：“其实我们是能够回答的，看看我们谁能够开口回答了？”

我们不提倡的一种做法就是：老师要求孩子想到一点就先把它说出来。这样不是不可以，但是效果不好。为什么不好？这样会让孩子感觉到，“我就剩一点牙膏，你非得要挤我牙膏，我不想挤出来，就算是挤出一点点也不够用，这让我很尴尬”。在他还没有破掉过度完美时，任何的劝导，他认为都是强迫。抢答的过程当中，其实也不是他最后就能随便答出来，在对问题进行整体的思考中，他是很慎重的。只不过在这个过程中，一方面他提高了自己思考的速度，另一方面也是最重要的，是增长了足够的勇气！

Q 问题 58

在课堂上和孩子互动时，孩子突然哭了或者笑了，老师应该怎样处理？

出现这种情况，存在两种可能。

第一种，可能这个孩子到了“回溯原始点”的程度了，老师跟他互动得非常和谐，这个时候突然碰到了他原始的某一个点，曾经类似的环境、类似的音乐，外面的喇叭声，或者外面的鸟叫声，记载了当时他发生某一件事情时候的一种心情。或者这个时候某个孩子唱了一句什么歌，或者老师的某一个笑容、某一句话触动了他过去的那种情况，他突然就哭了。这种突然的哭，说明他已经达到能够表达自己内在情绪的一种状态。笑了也是在当时情景下，记载了他那时的某种心情，某个高兴点。即便是笑，它的意义又不同于以前。笑还有更深远、更大的意义，是他现在觉得好幸福，能够跟老师互动，大家都能够这么理解我，也能感受到周围人特别是最亲的妈妈对他的爱了。一般笑包含的成分更多一些，而且表明家庭的氛围也改变了，如果家庭不改变也不行，孩子也笑不出来。

第二种，可能孩子已经上升到亲师择师期了，他没有抢到自己偏爱的老师，也可能哭。这也标志着孩子又多了一个功能，结束了过去那种对人麻木的状态，开始对老师（人物）有了细微分辨的感觉，也敢于表露自己的偏好了！

小孩子心里其实是很清楚的。他们对过去事件的记忆甚至超过了一般的成年人，他能够把过去的记忆通过某一个被触发的场景回想起来。老师与孩子的各种互动游戏，不仅使家庭对他的压力减轻了，也改变了孩子处理压力的能力。当他能感觉到自己身上的压力、心里的压力都减轻了的时候，说明我们老师营造的整个氛围就是一个全然接纳、让孩子减轻压力的场景，所以他就敢于哭出来或者笑出来了。

不是今天哭了就是哭今天发生的事。突然无缘无故地哭，一定不是因为当天的事，只是当天可能有个导火索，哭很久远的事。就像一位妈妈说的，孩子生理年龄已经 8 岁多了，可是他哭的声音和行为表现却像 1 岁左右的孩子，我们判断那就是曾经发生过的事件对孩子的成长形成“卡壳”的那个原始点。我们用他的哭声来判断他到什么程度了，此后“无故哭闹”开始往回追赶自己的生理年龄的现象出现了，那一次的最低年龄点就是他的原始点，说明他在 1 岁左右感受到发生了对他不利而又无法挽回的事情。他不可以接受，就开始屏蔽自己，封闭自己，逐渐就自闭了。与之相反，无故开心地笑这个过程，恰恰是孩子已经能够感受到当前某件事带来喜悦，往往是现实的幸福感，这是非常好的。

老师应该怎么来处理才恰到好处呢？可以安慰，但不能阻止孩子往外发泄，千万不能说“别哭了”，更不能问孩子“哭什么呀”，那样孩子会认为老师不高兴了，很容易憋回去，就会添加新的伤痛和压抑。应该说：“我们宝贝不开心了，我们好伤心啊！”“是谁惹我们宝贝了呀？”“老师帮你找他去。”站在他的角度去指责或者去埋怨另外的人，要让敏感的孩子随时感到你是站在他的立场上的。然后说“老师给你胡噜胡噜、拍拍你”。建议老师的声音要轻而缓，不能盖过和打扰孩子的发泄。孩子认为这已经足够了，有人理解还主动愿意帮忙了，至于后续是否去找“某人”，对于他已经不重要了！孩子心理已经过了一道坎儿了。还可以征求意见：“老师抱抱你好吗？”如果他拒绝，说明孩子现在不想让老师抱。如果他投入你的怀里，他可能是以老师替代了早期妈妈的角色，说明在早年的那个点上，是妈妈不小心没顾及宝贝的感受、“得罪”他了。由此可见，这样的孩子是多么敏感，曾经大人不经意的一件事，竟对孩子的人生产生了这么大的影响。

在很小的时候，妈妈做的某一件事情“得罪”他了，但是我们不要去深究是哪一件事，去深究的时候，他也不一定想得起来，反而又开始自责了：“我都想不起来有什么事情，为什么还哭呀？”于是好不容易开的“闸口”，马上又压抑回去关闭了。孩子虽然回想不起来是哪件事情，但是他那种情绪是存在的，这种情绪使他“堵”在那里了。这就是类似所谓的“肌肉记忆”，就存在他的体内了，一旦某个类似的场景出现，很容易触碰到该情绪，他有能力面对，又有合适的场合尽情地发泄出来，是很好的疗愈方式。如果这个时候去深究，孩子就会去使劲想，想不起来，恰恰就打断了他哭的情绪的流畅性，甚至使孩子又受到一次伤害和自责。他们太敏感了。正确的做法就是不要在旁边追问，而是安抚孩子让其充分发泄出来。但是也不能什么也不问，更不能故意惹孩子哭，这些都有可能造成新的伤害。可以缓和地说：“我们哭了，一定是谁惹我们了吧。”

另一种情况，孩子突然笑了。如果是微笑的话，我们要翻译解读出来，我们也跟着笑，可以说：“我们宝贝好开心啊！”这样去解读他，老师也可以跟着一起笑。如果他大笑还前仰后合的，说明孩子已经有了感受快乐的能力!

这个时候，这种无故开心也会让他大脑内达到一种多巴胺水平的提升。无故哭闹的时候，已经把阻碍他产生多巴胺的一块“石头”掀开了。如果说大笑可能直接产生多巴胺，一方面是把负能量抵消、减少，另一方面是增加正能量。这都有益于他的大脑恢复平衡发育状态。

这种大哭大笑，是在课程过程中释放他以往积压的负能量。如果没有这个过程，不论他今后多大，如果受到某一个类似场景的触碰，还可能会有莫名哭闹发生。到那时候，他们容易被周围的人误认为是精神分裂症。我们和传统干预训练之所以不同，就在于我们从根本上解决这些孩子的大脑发育问题，而不是追求在短期内（几个月内），通过重复的强化刺激，让孩子得到某些无法保证社会迁移的所谓的行为表现。虽然能得到家长的暂时满足，但把问题的根源掩盖掉了。

当孩子大笑的时候，老师也要跟着他哈哈大笑，但这种大笑不能超过他，老师的声音不能盖过、不能打扰到孩子的笑，这叫作“同频”。

还有很奇怪的一点是，这些孩子对老师在场景中使用的成语感受十分敏锐，几乎只要用过一次，他就知道这个词语该在什么地方用，就会恰到好处地使用了，这叫“活学活用”。所以我们往往是尽可能地用成语去最简洁地描述某种人、事、物及情景，这样教学效果是最快、最好的，能达到事半功倍的效果。相反，那种凭空刻板训练习得的成语或词句，生怕孩子记不住而反复强化训练，由于孩子不理解其含义，都是死记硬背，要想让孩子脱离课堂内容的迁移是很难实现的。在我们这里跟老师学的成语，孩子能够把成语融入这个场景当中，他下次就知道这个成语怎么用了。一个成语或词句，老师要讲它的故事，它的寓意应该用的场景，这些都放在孩子的哭笑或游戏当中。把这个成语说出来，他马上对成语的记忆就是多维的，有情感、有字、有发音，还有对过往联想的叠加。孩子一下子就明白了，原来这个成语是这个意思！一个记忆如果是多维的话，一定是生动的，也一定是很深刻的。后面我们还要讲到孩子突然就出来“语言”和句子了，就是把以前的记忆在特定的情境中唤醒了，这个道理是一样的。这个例子也帮助我们理解了认知心理学中关于“网络节点式的记忆”的实际存在和效果。实际上孩子教会了我们很多知识，他们在净化我们。

Q 问题 59

有些孩子为什么会自残？他们有痛感吗？

这个问题问得很尖锐，他们为什么会自残？刚来的时候，很多孩子都有自残的行为，有的孩子自残延续的时间还很长。我们观察到，如果没有经过那种强迫的、简单机械重复的训练，几乎没有一个孩子出现自残的行为。相反，经过那种强迫的、简单机械重复的训练的孩子，几乎或多或少都会出现自残行为。在家里还按照这种方式强化训练的孩子，自残更严重，时间更长。

一般最简单的自残现象就是啪啪打脸，那是最轻的，稍微重一点的就是用拳头砸头，更严重的就是用脑袋撞墙撞地，哪里有坚硬东西就往哪里撞，撞桌子角、撞墙，哪里有金属的东西就用头部去撞。他想通过这种撞来冲破阻挡和压抑，哪怕得到一点痛感，他也觉得爽快了，他要解脱或者降低一点那种压抑带来的心理上的难受。

这种孩子基本上屏蔽了痛感，也就是他们自己的痛感降低了——痛觉迟钝。这种孩子幼儿时期长时间没有感受到妈妈的爱，而更多的是在被“无微不至”的照料和约束中，还有很多行为会受到大人的纠正和规范，孩子的精神需求被严重忽略，孩子对自己“微不足道”的感受不善于表达出来，而只能选择埋藏在心里，天长日久，连痛觉感也被压抑了，他可能对自己生命的珍惜程度就打折了。如果他们一直没有得到很好的康复，后来就可能会出现一些莫名其妙的自杀现象。统计表明，其中溺亡的比例相对高，因为他们的危险意识很薄弱，不会想到危不危险，只要想做就去做，有的甚至听到奔驰而来的汽车马达声就直接撞上去。

有一个孩子的妈妈是教授，儿子摸什么都不让，他有一个正常的妹妹就可以摸。那孩子一伸手还没摸到水杯，家长马上就喊“不准摸”；过一会儿孩子又去摸一个水果，这下爸爸、妈妈都出来喊上了，什么都不让孩子摸。他们不让摸的理由是，孩子曾经拿过水杯但是打碎了，或者拿过苹果掉地上了，所以家长干脆就阻止他，不让他发生行为。孩子经常处在“不要摸、不要拿”的环境下，感到处处碰壁，没有可以自主尝试的空间，家长连一点点试错的机会都不给他，所以他就被关进了“牢笼”，他的内心就是一个牢笼。这个牢笼甚至让他觉得活着也不痛快。在这种长期被压抑的心态下，他都感到生不如死了，就无所谓疼不疼。打一下能感觉到疼一下，可能还觉得自己有一点存在感。这种孩子的痛觉相对迟钝，因为他屏蔽了自己的感受，他其实想屏蔽内心对外界给予他的否定所带给他的那种痛苦。屏蔽痛苦的感受，连同痛觉也给屏蔽掉了。

这样久而久之，撞哪儿也不那么疼了，哪怕撞破了也不疼。再者，他从心理上把疼的感觉也慢慢屏蔽了，他的目的是要得到另一种压抑感觉的释放。一定是在撞的同时，他要得到另一种解脱，一定程度瞬间的解脱。所以，自残既有生理上的原因，也有心理上的原因。可能随着年龄越大，心理上的原因越占主导地位。

一般这种孩子更多的是剖宫产的孩子，他们大脑的发育可能会不太有序，就是说，那些还不该发育的、不直接支持生理功能发育的脑区提前发育了，或称“大脑有点过度发育”。通过产道的挤压，一方面在“强化”孩子的五感六觉的平衡发育；另一方面也在“理顺”孩子大脑功能的发育顺序。这些对日后孩子的正常发育都有好处。如果是孤独症孩子，就容易引起他的头部过度敏感。这种孩子是非常护头的，在他们康复之前，他们中的绝大部分是不让理发的，也不让他人摸脑袋。康复之后，他们才会主动提出要理发，把自己变得美美的，当然也不那么在乎别人摸他们的头部了。

关于自残，他们最敏感的是头部的感觉，他们头部是非常不舒服的，所以拿头部去撞；另一方面，撞头也有要挟的成分，因为他们心里非常清楚家长最注重头部保护，撞头最容易引起周围的注意。有的孩子刚来时，把自己的脸打得青紫，看不见皮肤本来的颜色，有的把脑袋打出好多包。有个女孩刚开始看不出来脸上的皮肤颜色，全是黑的、紫的，后来恢复后，皮肤正常了，而且具备笑的能力后，那个孩子笑起来好灿烂。大家都说那孩子好漂亮、好可爱，聪明极了。她是个孤儿，由福利院送过来，我们全免费给她康复，但是她刚来的时候就跟小木偶一样。她曾被带到美国、意大利、英国、德国的 ABA 机构去康复干预训练过，花了高昂的费用，效果仍然不好。

遇到孩子自残这种情况，作为旁边的老师应该怎么做?

对待这种自残的孩子，一方面不要惊慌失措，首先不能批评他，但也不能装没看见，因为他会想:“我用自残要挟都没用，说明你根本不在乎我！”那他就会更加封闭自己，把自己包裹得越来越严实。所以不仅不能够装不理他，还要给他一个很好的响应。老师要用关切的口气说:“我们宝贝把自己打疼了，你看都打青了，好疼啊。”老师给你吹吹、胡噜胡噜。一般的情况下，他不让胡噜是正常的。说明他的问题还没得到解决，胡噜也没用，那老师就应该更加小心地去和他试探性地找原因或方法。他如果让老师胡噜的话，说明老师和他同频了，他也快好了，心中的问题有了解决办法或者正在解决。

自残的原因如果不从根本上解决，是没有用的。要发现他自残的心理原因，到底根源在什么地方，然后因势利导从心理根源上解决它。对每个孩子来说，自残的原因是不一样的，所以不是说不让他自残，不准他自残，拉住他的手，他会认为很多事都是要控制他的。

Q 问题 60

孩子为什么喜欢吐口水？老师表扬后还故意吐口水，怎么办？

在对孩子们的表现观察当中，我们发现吐口水这些举动跟弗洛伊德所说的肛欲期可以归为一类。孩子的口水也许类似于大小便，包括他放的屁，他的鼻涕，他的唾液、鼻屎，甚至还可以延伸到他的眼泪，他都认为是自己的产物，这些都可以归到肛欲期一个类别里面。

当一个孩子光溜溜生下来的时候，他是没有任何物权的，他是天生的弱势。他的吃喝拉撒，甚至看风景都得是人家的恩赐，大人不带他出去，他什么都看不见，感觉都是别人恩赐给他的。

这个时候，其实他的内心是非常自卑的，处在一种劣势的心理。当他第一次意识到，他的屎尿屁是他自己“造”出来的，那么他就会对自己的屎尿屁感兴趣，甚至还会非常珍惜。口水和鼻屎也有同等的含义，会被认为是他自己的产物，因此他有处理自己产物的权利，更可以用来当武器啐人！

正常儿童在这方面，没有表现得这么明显，但像这些孤独症儿童，他在年龄回溯的时候，就会回到幼小的年龄阶段，玩大便的阶段。这种孩子普遍大便干燥，往往几天都不拉大便，一般是四五天，有的甚至一个星期不拉，拉起来很困难。我们观察到他们舍不得拉大便，使劲往回憋，你看他的脸色都变了，以为他是在使劲拉，不是，他是在憋。实在憋不住了就挤一坨出来，然后一会儿又挤一坨。当给他换裤子时，家长会发现他拉的时候明明就要拉出来了，他还会使劲往里憋。

特别明显的是，有个别孩子实在憋不住了，拉出来一坨，还用手接住，使劲又往肛门里塞，又哭又闹往里塞，要塞回去，他就感觉到："我没有任何的物权，只有大便是我自己的，非常珍贵，怎么还往外拉呢？"还有极个别的孩子，妈妈把他拉在裤子里面的大便扔马桶里准备冲掉，就在那一瞬间他冲过去，把大便从马桶里捞出来，又要往回塞。更有极端的，就是把自己刚拉出来的热腾腾的大便，抓起来尝一尝是什么味道、什么口感。还有极个别孩子趁家长不注意，直接把大便吃了。其实他们的意图都是一样的，要把自己仅有的所属产物重新归于他自己，得到处理权。这种行为不叫占有，应该叫作"物权回归"。

包括尿，他们在"自然回归"的时候，尿是舍不得随便撒的，他会留着，因为尿比大便更难憋，更好使用。他也会尝试去憋，然后就尿裤子、尿床上，他把尿当成了武器。有的孩子虽然已经会用马桶，当他尿了裤子家长问他："应该到哪里尿尿呀？""上马桶尿尿。"心里十分明白。还有的孩子，家长还没问他呢，他却一边尿到床上一边嘴里嘟囔着："不能尿到床上，要去马桶尿尿……"而且恰恰是孩子一旦启动了回归过程，才开始拿尿做武器。"不让我尿裤子，我专门尿裤子"，他们可能觉得尿床上更能折腾家长，因为床是人们意识当中最不能尿的地方，因为尿完得晒被子，洗床单，但90%以上的孩子都得尿到床上。基本有个顺序，先尿裤子再尿沙发，再尿旮旯儿，然后尿床上。而且他还不是一次性尿完，尿一点换裤子，换掉了裤子又尿一点，又换掉了又尿。然后口水也是这样，口水也是他的产物，当他意识到他的口水可以当武器的时候，他就用口水啐你。我们把它叫"羊驼期"。他在床的一边，妈妈在床的另一边叠被子，他就能够准确地把浓浓的口水啐到妈妈脸上。

这种孩子甚至比羊驼瞄得还准，到了后头"啐人技艺"炉火纯青的时候，瞄得非常准，准到什么程度？你一张嘴说话，他就掌握到你的频率，当你正张嘴发音的时候，他一下就能把口水啐到你的口腔里面，真是精准至极啊！因为他康复到羊驼期的时候，第一唾液分泌多了，第二他的嘴的肌肉的收缩和控制能力强了，他能够保证口水在嘴里不出来，他能把嘴聚拢，相当于一个喷枪口一样喷出来很远。

孩子到了“羊驼期”，老师们怎样应对呢？当然不能直接批评，而是首先肯定孩子的控制能力，然后可以躲闪，尽量不让孩子的口水啐到自己以及周围的同伴，老师们为了“教育转化”他们成为正常孩子，还他们一个正常的人生，付出了很多，这种情怀多么伟大啊！

回过头来说，最严重的孩子刚来的时候，唾液是顺嘴边向外流的，他还无法利用自己的口腔肌肉去控制，他也感受不到流下去了，就像几个月的小婴儿，拖着长长的口水，有多少流多少。到了后面他们开始好转，到了羊驼期，他不仅吐得很准，还能掌握你的频率，他看到你的脸部肌肉要发音了，他就知道你说到哪个字要张嘴了，他能一下子就啐到你的口腔里头。而且孩子站得不一定很近，也许在半米，也许在一米，他都能估算这个距离，还能够瞄准你口腔的角度。我们为孩子这种“自主行为”和口腔控制能力而高兴！因为它表明我们的课程在孩子身上产生了积极的效果。他开始向正常回归了！能看出来，他的思维和主动意识的结合达到了多么严谨的程度。

Q 问题 61

孩子在进步过程中的“意愿”应该得到尊重吗？

当然要得到尊重，但是家长要做好心理准备和心理建设。

有个孩子，进步非常快，马上就要上一年级了。一天上午，我们的老师向妈妈表扬孩子在学习知识课的时候表现特别好，妈妈激动得流泪，因为他今年暑假可以达到上学的水平了！去年妈妈就为他上学报了名，但没有征求孩子的意见，孩子听说之后就崩溃了、哭了，说：“妈妈，我不是不想上学，是我还没有准备好。”

其实当时我就跟妈妈讲：“孩子今年若是马上就去上学，可能还有点欠缺。”但是他爸爸坚持说：“不试怎么知道？”报完名回来，儿子这么一阐述，妈妈就说必须尊重儿子的意愿，刚好贺老师也说还不太成，孩子自己也表达得那么清楚。后来妈妈去把学给退了。今年孩子表达了对上小学的向往，说明孩子今年已经准备好了！

我很钦佩和感激这位妈妈，孩子之前还参加过那种强化行为干预训练，爸爸又那么阻挠，就在这么艰难的客观环境下，导致孩子的刻板行为没有得到正常时期的减轻程度，孩子的进步减缓了下来。但是这位妈妈坚信我们的方法，能够一直坚持，才能取得最后的胜利。

关键就是孩子的妈妈对我们抱着信心，没有产生怀疑，她很坚定。她说："虽然我还不知道未来，但是我在贺老师这里有对未来的希望，因为我们都亲眼见到贺老师这里康复了那么多孩子，已经正常的孩子。"这位妈妈非常有主见。后来她的孩子在"回归正常"的过程中，出现了暴力倾向，还把我的腰用钝器打伤了。为此我半卧床养了好几个月，还坚持扶着墙站起来继续上班，关注她的孩子的每一个微小的变化。孩子的妈妈非常内疚和感激。我说："你只要把这些都化成你对孩子进步的信心，就是对我最大的安慰了。"最后我们一起坚持到了孩子能够自主、自制地进入常规学校学习。

这就是为什么我在本书开篇对家长们说的第一句话："只要选对了路，你也一定能成功！"

Q 问题 62

为什么孩子会出现刻板行为？是幼儿自发的吗？老师应该怎样做？

这个问题提得非常好，其实幼儿原本就有刻板行为，比如婴幼儿把东西反复往地上扔，大人捡起来他又扔。他稍微大了一点，你就认为他是刻板行为，他还是小孩时，你就认为他不懂事。

孤独症孩子，虽然不是婴儿了，但是他原始行为的动机和他需要找感觉的这种意识，其实跟婴儿是非常相似的。只不过就像我们之前讨论过的，他原始的功能脑区还停留在那儿，没有被后来的发育所取代，他表现出来的就叫刻板行为。如果他每一次都在找，感觉都在提升，他其实是在练习发育和发展新的功能。再配以“学习过程”，在这样反复练习中，驱动新功能的脑区就逐渐生成了，行为上就表现为孩子的“自我练习”找到了感觉。

原本由遗传基因设计好的生理功能发育顺序，在外界各种繁杂又强烈的信息刺激下，大脑中那些稚嫩的脑区的神经网络，被那些超前发育却又不是直接支持生理功能发育的“特异功能”相应的神经网络所冲击、覆盖了。这些半路杀出来的特异功能，不仅分散、抢夺了正常脑功能发育的营养，还挤占了正常脑神经网络发育的空间，他们因为能够满足婴幼儿的某种愉悦感，能替代和减轻部分敏感带来的焦虑和不安全感，而且由于婴幼儿难以承受大量信息的处理负担，集中在这些有限的脑区所应对的信息处理量，就会减轻婴幼儿大脑的信息负担，所以就被婴幼儿反复调用、不断地得到强化，结果就越发茁壮地发育起来，使婴幼儿陷入其中不能自拔，此时就表现为刻板行为。久而久之，刻板行为真的就取代了正常的生理功能的发育，那些本该发育的脑区就发育不起来了。

其实这些孩子的大脑，在物理上基本没有损伤和缺陷，只是功能脑区的分配上出现了紊乱，俗话说，脑子“搭错弦了”使得本该正常发育的生理功能对应的脑区受到了“排挤”。孤独症等一系列问题行为儿童便产生了，外在行为上自然就会表现为“发育迟缓”。

有时候婴幼儿在不断重复地练习某一动作或者发声时，也像是在做某种“刻板”动作，其实是他在有效地“迭代”练习自己的某项新习得的功能。最后当达到发出这项动作所调动脑区最多反而最有效率并且耗能最少的时候，正是他认为这项功能或行为已经达到“最精准”的状态！此时这项新功能就已经“习得”了。他的重复练习也就停止，换成另一项更新的功能，又开始了对应于那项功能的“刻板式的练习”过程。这有别于那种一成不变的不能自拔的机械重复的刻板行为。

我们不要去剥夺他仅有的这一点权利，我们要在允许的过程当中，认同他的行为，我们的老师有可能还要简单模仿一下他的动作，让他觉得“老师跟我是同频的，老师理解我”。这样的话他看老师的眼神就不一样了，老师就有机会将他慢慢带出来，这叫“先跟后带”！

我们有很多从强迫行为干预训练过来的孩子，刻板行为特别严重，而且刚过来的时候是没有任何眼神对视的。往往是他在做刻板行为的时候，我们和他模仿同一个动作的时候，他突然会看你一眼，他觉得你好怪异，因为他自己的怪异只是别人反馈而来的，但是不自知的。那时他对周围和外在还没有感知能力。就像我们唱歌跑调了，我们自己听不出来，而别人才能听出来，他不知道自己是怪异的，他只知道“别人在纠正我这个动作，但我不能接受”。

但这时他看到老师是善意的，他在想“老师的动作跟我是一样的”，因为模仿的时候，我们要跟他像照镜子一样。后来我们发现用此项技术来激发他的镜像神经系统效果最快，这个技术是我曾经在中科院心理所参加专业训练班，从四川大学格桑泽仁教授那里学来的。其中的原理是：当一个人的心情跟对方的心情、表情、动作乃至语气语速是相对一致的话，你会得到对方跟你的一个通道，导致心灵相通。用这个方法，我发现孩子的这个动作模仿功能出得非常快，可以说，这种技术又让我们缩短了孩子的康复期。孩子从进来到完全康复出社会功能，2 岁左右的小宝贝往往不到一年时间，就可以正常上幼儿园；3 ～ 5 岁的孩子大约只需要 2 ～ 3 年的时间，可以达到能够正常上学的标准。孩子们适应后还能得到学校老师和同学们的好评，有的还竞选当上了班干部，诸如数学课代表、小队长、班长等。我们还在继续努力完善“潜能自然回归法”。

Q 问题 63

有的孩子为什么喜欢钻桌子底下，老师应该怎么处理？

钻桌子关键不只是钻桌子，孩子还在下面朝上蹬桌子，弄得主题课老师讲课都受影响，也会影响到其他孩子的专注力。这种钻桌子的行为，其实反映出他们自我封闭的心理现象，甭说桌子了，如果有一个小的缝，他也想钻进去，觉得自己在里头比较安全、比较舒服，同时还可以逃避外界的一些人、事、物，不管什么样的空，他都会想着钻进去，比桌子还要小的空，如果刚好他又能够钻进去的情况下，他都喜欢钻。甚至还喜欢抠洞，那儿本来没有洞，只有一个小小的虫子眼，他能给它掏成一个大一点的洞，当没有工具时就用手掏，有个别家长反映孩子甚至把手都磨出血。这都反映出一种心理，“我要是能钻进这个洞就好了，我就能躲开这些繁杂的人、事、物了”。这是一种求得安全的心理导致的行为，这意味着这种孩子极度缺乏安全感。在我们的课程中，孩子开始想要建立安全感时，会更加明显地表现出来，会更加强烈！这往往标志着孩子要在建立安全感方面发生大的改变了！家长就期待着、迎接着，惊喜果然就在不久后出现，也许是第二天、第三天，有的可能需要 10 天的样子。

我们要明白孩子这个行为的心理机制是什么。对他来说，钻桌子和钻到蹦床下边差不多，都是一种逃避。“我还能够搞点坏事捣乱，让你们上面的人摔倒。”“我做别的好事来引起大家的关注太难了，能力还达不到，只要能引起你们的关注，哪怕是让我搞点坏事。”……这样的关注来得很容易。

这种情况下，老师怎么办？首先是要理解他喜欢往下面钻，老师可以说：“你喜欢在蹦床下面玩啊？”“这样很危险哦，老师让上面的小朋友注意点，让他们别踩到你的脚。”“那过一会儿你就出来玩好玩的玩具。”……就是先站在孩子的角度解读他的行为，让他觉得他钻到下面不是一件不可理喻的事情，给他一个不合理的事情合理化的心理氛围。先给他一个合理化的开脱，让他一下子就放松了，他本来钻下去就想到可能老师要批评他，他就会很紧张，但是他仍然不想出来，因为他也会比较，到底是“面对外面世界没完没了的人、事、物引起的紧张和恐惧”好受一点呢，还是“钻到桌子底下仅仅挨两句批评”好受一点？他还就真的会“两害相权取其轻”。这是出于人类求生的本能。

当孩子得到对他的行为的一种开脱理解的时候，他会觉得自己在下面比较自如，他腿蹬起来也就比以前更加有弹性，之前是硬邦邦地在上面戳。然后再引导他出来。当他没有被老师批评，他的那种“预备”好了的逆反心理相对减低了，老师再引导他出来就相对容易了很多。经过这样的引导过程，不能说就杜绝他以后不再钻了，但是他钻的频率会逐渐降低。

随着我们的课程，他就在不断地完善前庭觉和小脑对身体的协调能力。当他达到了一定程度之后，他自己就能够支配自己的身体上蹦床了，而且是越来越自如地以各种花式跳蹦床了，你会发现他怎么不再钻桌子了！因为有更好玩的项目可以玩高技巧，还能得到大家的喝彩和赞赏，钻桌子下面那感觉多憋屈呀！这时候即使有新来的小朋友引诱，他也不去了。这说明他的安全感已经得到提升。有时候这种突然发生的运动项目的转换，使得家长从录像屏幕上都认不出来自己孩子了。家长都不敢相信这突如其来的提升！家长那种欣喜真是难以掩饰。

从以上例子不难看出，我们的“潜能自然回归法”营造的环境氛围，老师随时保持跟孩子的沟通，总是一个老师跟随一个孩子（有互动的孩子除外）这种沟通，原则上是要保持正向的感情交流，而且是正向的正能量的感情输入和输出，其实就是在启动孩子的感情，让他建立感情，培养他的感情，打开他的感情输入输出通道。而不是像传统的方法那种强制的干预，不注重和孩子感情的真正沟通，注重的是老师外在设置的这些“规则墙壁”是不是能把孩子管住，把孩子圈在那些框框里面，其实给他原有刻板的上面，又加上一些更复杂、更紊乱的连接，那样的孩子训练出来以后就更加“惯性套路式”的刻板了。

“潜能自然回归法”特别注重和孩子的感情沟通，抓住了最核心的关键。因为这些“星星的孩子”总觉得“你们对我不理解”，我们现在是要让他们逐渐感受到“我们是一伙人，我们都是地球人”，他自己也会慢慢愿意做地球人。把他们称作“星星的孩子”其实也有误导家长的作用。大家都认为他们是怪异的，接触到他们的人也认为他们是怪异的，只要看到有这样的孩子，人们都会不自觉地躲开，这让他们的心里感受不好。

问题 64

为什么孩子会有“暴走期”？他们不睡觉，不困不累吗？

首先要强调的是，暴走不在于走，而在于扩大“认知”！其实这类问题里面不仅仅是暴走期，还包含“精力充沛期”和“类倒时差期”等。往往这些孩子的“暴走期”也夹杂着其他的期，所以又称其为“认知暴走期”。这个阶段他们不怎么睡觉，不困也不累，还特别有好奇心。

有认知暴走期，是因为他们多年对周围的事物视而不见，充耳不闻，因为他们自我封闭，他们的内心太匮乏了，但他们越匮乏越不敢打开。随着课程，老师跟他们一起互动，当他们感觉到老师是“自己人”的时候，逐渐发现“地球人挺好的”，逐渐愿意回到地球人中，我们同意这个比喻，“接着，这些孩子逐渐回到了地球”，为他们回归正常的发育打下基础，创造条件。

这个时候，他们会觉得外面的世界很精彩，哪怕是他们原来天天走的那条路，他们还要去走，为什么？因为过去走时什么感受都没有，现在要去感受路上的一草一木，草发芽了，草又开花了，草又结籽了，他们都会去观察。例如，有个孩子从冬天开始进入认知暴走期，天寒地冻的深夜还在外面探索，妈妈说都快冻成冰棍了，孩子仍然兴趣盎然不回家。到了春天，他发现公园湖里的荷叶冒出来了，越来越茂盛，而且早上荷叶上还有晶莹剔透的露珠，风吹叶动，露珠还能在上面滚动，感觉好新奇啊！于是，他每天都会领着妈妈来固定的地方观察，观察到花苞钻出水面了。夏天到了，荷花开了，太美丽了，孩子兴奋地跳了起来；渐渐地花瓣掉进水里了，他开始纠结于花瓣掉了，也认知到秋天花朵的中心长成莲子了，让妈妈和他去集市买成熟的莲子，亲口品尝其味道。孩子每天来上课，妈妈都会兴奋不已地“汇报”儿子的认知探索与拓展的喜悦。随后孩子还画出了整个湖面一年四季的变化，特别描绘了荷花的孕育生长、开花结果的全过程，逻辑思维就产生了！所以在认知暴走期间，要注意培养、尊重孩子对自然界一切细小事物的观察和兴趣，保护并激发孩子的兴趣。同时孩子会迁移到观察和认知更多的人、事、物，这才是暴走的真正目的和收获。

有人认为，如果总待在一个地方观察，是有局限的。请放心，孩子在康复过程中是不会满足的，他会逐渐觉得那个信息量太小了，不能够满足他，怎么办？随着走出去位置的变化，他会看到不一样的风景，不一样的变化，不一样的场景，不一样的人、事、物，其实就是增加他的单位时间与外界的信息量摄入，他就用认知暴走来解决和提升这方面的能力。

如果孤独症孩子恰恰是在“从原始性一自我存在性”的过渡阶段出了问题，那么认知暴走期可能就是“回归原始性”——重新发育一遍的必经之路，是一个重要的环节。孩子在认知暴走期获得的提升，决定了“第二次发育”能否正常、顺利地发生和结果的满意程度。

关于具体走的形式，从家长叙述的情况来看，他平常从来没这么走过，大人都走不过他。我们虽然称之为“暴走”，但不能等同于那种“拉练”式的带着孩子去走，而是孩子带着家长走，其速度以他接收的信息量能否满足他的感受作为衡量尺度，因此他会时而走得比较快，时而走得慢，而且眼睛会环顾四周，随时寻找自己感兴趣的“猎物”，迫不及待地去探索。以为暴走就是为了消耗体能，其实不是，孩子在扩大信息量的接收和提升处理能力。

决定暴走的完全不是孩子的体量。因为在认知暴走期，他想停就停，想走就走，想前进就前进，想后退就后退，想左转就左转，想右转就右转，怎样利于探究就怎么来。这才叫认知暴走，而不是体力暴走。比如他要上公交车，家长说："公交车人太多了，等下一辆吧。"这就错了，他是能够估量的，也许他就愿意感受一下和大家挤在一起的感觉，这时家长要不假思索地跟他一起往上挤，如果实在挤不上去再下来时，他体验到了，也是心甘情愿的。这种认知暴走跟体力暴走是完全不一样的目标和效果。体力暴走可能会压抑他的认知，而认知暴走使他的认知增加了，体力也上来了。

随着课程，孩子封闭的心灵窗口逐渐被打开。也就是说，他的认知在提高，他处理信息的能力也在提高，这时他需要接收更多的信息，有探索的欲望，他就开始走了，年龄小的孩子因为胆量还没有上来，一开始是不消耗体力的，让妈妈抱着走认知世界。

Q 问题 65

“布朗多动期”的走相当于“暴走期”的走吗？会不会引起暴力的产生？

如果孩子有布朗多动的话，肯定是为发生“暴力期”在奠定基础。但是，并不是他多动就直接导致暴力期。多动不是出暴力的原因，但是他已经把活动功能都逐渐打开了，刻板的板结也松土了。有个孩子，我跟他的家长说，他原来暴走了三年，也没有我们三天管用。在感统训练上也是，我们三天超过他过去三年的感统训练。这个孩子现在跳蹦床，一能跳稳了，二能蜷腿跳了。以前他是硬邦邦地像一块木头往上冲，下来还站不稳。如果蹦床上有人，他不敢上，他怕露怯。现在这些改善，恰恰显示出他启动了什么。一般情况下，暴力期之前是最先启动了类时差期，类时差期是他的大脑潜能在启动了。他的类时差期与他接下来的布朗多动期的联系更大一些，类时差期一到来，他就开始调整、积蓄能量了，接下来他的活动功能逐渐都在打开。所以我们可以把“类时差期”的出现当作孩子大脑开始发生改变的一个信号。

类时差期和后面的布朗多动期有一个共同特点，就是他在不停地活动，他的精力比平常要更加充沛。他也不吃不喝，基本上不吃主食，只吃零食。这些都与他的潜能的启动有直接的关系。因为我们平常总是规定他只吃主食，这样孩子的营养确实非常好，但是它不足够让孩子得到更丰富的营养。

因为有一些微量的东西，是要在零食里头去获取。吃零食还有一个重要的原因：过往单一的主食造成味觉刺激的缺乏，小零食不仅有助于拓展丰富的营养来源和各种味觉刺激，同时还有一个神奇的现象，就是味觉拓展之后，不仅能改变过去的“挑食”，改变以往性格的封闭程度，连孩子的兴趣也会随之拓展，多少改变他对外界的挑剔态度。

Q 问题 66

有些孩子看着路边有水塘，就愿意踩在水塘里面，为什么？

孩子踩水塘，一方面，反映出幼小年龄的特征，他们还待在幼小年龄的特征里；另一方面，孩子有一种喜水天性。他们在妈妈子宫里面是泡在羊水里孕育的，羊水能给他们一个安全的生存环境，所以孩子天性是喜水的。他们看见水塘不光去踩，甚至能直接走到水塘里面去。即使是深水、深塘，他们也会直接走下去，不管自己会不会游泳。所以我们提醒家长一定要注意关照好孩子，保证孩子的安全，在孩子还没有康复到具备一定认知和安全意识时，家长一定不能粗心大意！

家长最要看住的就是水塘，然后是汽车，还有悬崖。刚来的孩子，认知还处在较低层面，甚至没有打开。当认知开发出来之后，孩子有自主意识的安全概念的时候，就不用这么看他了，他还会提醒妈妈一些安全事项。比如，家长开车时看手机不注意红绿灯，已经康复得比较好的孩子就说“妈妈要等绿灯”。家长突然醒悟过来，“我不能开车时看手机”！同时她很欣喜，孩子会帮妈妈看红绿灯了，这说明孩子对他自己、对周围的感知提升了，有危险意识了。对妈妈的提醒也表明，他的思维复杂度在提高，他扩大了自己的责任感，在主动意识下承担了责任，或者说“提升了对周围环境的控制力”。这都是可喜的行为，也越来越接近正常儿童的行为了。

Q 问题 67

为什么孩子会兴趣狭窄？

首先说兴趣狭窄。我们发现，如果一个人兴趣狭窄，即使是成年人，他的性格也相对孤僻。孩子的兴趣狭窄是因为他没有打开自己的认知通道，没有打开自己的交往欲望，没有打开自己的人际关系。认知通道没有打开，对事物的认知有局限，就不容易产生更广泛的兴趣。

比如一个玩具拿在手里，看看颜色是红的，如果这个玩具红得像个苹果，那我们老师可以和孩子来做游戏，换个角度看一下，至少他对它的外观、颜色、质感都有个认知。或者切开真的苹果，分装到盘子里，然后你吃一块、我吃一块，这样孩子就有兴趣了。要是在他探索未知的过程中融入他已知的元素，使得他的探索跨度缩小，降低他对探索失败的恐惧感，他探索的兴趣就会增加。他的兴趣狭窄是对新事物的认知太浅，所以就只对相对熟悉的事物感兴趣。兴趣狭窄代表他不情愿去拓展新的领域。

举个例子，有一个孩子就喜欢拍海洋球池的边缘，不管拍边缘也好，拍墙也好，拍地也好，拍任何东西也好，都说明这个孩子的认知还没有完全打开。他的触觉感很弱，痛觉感很差。他要找到这种可以拍的东西，体会拍时对他的反作用的一种感觉，甚至可以说，拍得越重的孩子，痛觉感越差。然后他还要听声音，对声音的分辨和拍不同的物体有关，如果反复拍同样的物体，说明他的耳朵的分辨率还没有真正开启，所以他就反复拍一个物体，比如就拍海洋球池的边缘，去体会每一次拍的轻重不同的声音变化。

随着他的认知和他的痛觉感的提升，他就会逐渐去拍不同的东西，不同的声音、不同的外观、不同的质地、不同的大小、不同的高度、不同的远近，拍过去的角度和力度不一样，其手感或产生的声音也是不一样的。他会一个个去尝试，最后达到一个比较正确的认知和触感。甚至他喜欢在海洋球池的边缘上面走，常人看起来就是刻板，其实是他的前庭觉和本体觉发育不完善，此时正在自我完善中。刚来的时候，他是不敢走海洋球池的边缘的。有一个孩子过去被行为干预训练了好多年，甚至来的时候还有影子老师管着，弄得他很刻板，身体僵硬，平衡力很差，所以他不敢走边缘。我们的海洋球池边缘差不多 60 ～ 70 厘米高，宽度大约是 30 厘米，他对这样的探索，在过去是不敢想象、不敢挑战的。随着前庭觉的发育和完善，他已经对脚下东西的深度感有了相对准确的感知，并能把握好身体的平衡程度了。

现在，孩子想挑战自我了，他有胆量了，也有一定的控制能力了，所以在海洋球池边缘上来回走。以前那些经过简单重复行为干预训练之后的孩子，大脑神经网络十分板结。这样的孩子到我们这里来后，他要用走各种器械、球池边缘、蹦床、钻圆筒大滑梯等，来改变刻板和前庭发育的不完善，花在这些器械上的时间相对长一些。恰恰是没有经过那种强化行为干预训练的孩子，进步反而会非常快。

问题 68

孩子的空间感是由什么主导的？怎样帮助他们建立空间感？

空间感，比方说他站在池子边缘上是否能够平稳地走动，这是由前庭觉主导的，也包括本体觉。本体觉是指人们的肌、腱、关节等运动器官在不同的状态下产生的感觉，比如，运动、静止、闭眼时能够感知身体各个部位的位置。本体感觉的位置较深，又称为深部感觉，它是人们了解肢体的位置与运动感觉的重要部分，是一种自我身体操控能力。或者说，本体觉是人的五官、六觉（听、视、触、味、嗅、前庭觉）都能正常工作下，个体对自己身体整体的平衡和掌控力的表现。在本体感觉传导的路径中，还传导皮肤的精细触觉，比如辨别两点距离和物体的细小纹理粗细等。不是单指某个人体器官，而是表现为一种综合能力。反过来说，五官六觉中某些功能不正常、不完善，都会影响本体觉和降低人体掌控自己身体的综合能力。

本体觉好的孩子，他路过一个很窄的地方，可以不碰到桌子上的东西。本体觉差的人行事就很“占地方”，不是磕碰着这儿，就是撞上那儿，他们的空间感觉很不准确，也不会估算自己身体与较近的周围物体的距离。本体觉不是生理上的某个大脑区或者部位，不像前庭觉那么准确的可以说它的位置在什么地方。如果从反面讲，假如平衡感、触觉感、听觉不良，本体觉就很难健全发展了。通俗地讲，本体觉就是使人的手脚能够灵活，身体能够自如，身体和心情能够平衡，不会太紧张焦虑，具有敏锐的观察力，动作行为也不会失常的一种综合状态。具体到我们教育转化的孩子，达到本体觉好的人，他在做任何事情的时候，几乎不用刻意认真地去设想好了结果再做。如果本体觉不好，即便他设想好结果，把握性也还很不准确。而本体觉好的人，能够很自信、身体自然地发挥，就把动作完成了。

我们老师在课堂中要设计不同的游戏，而且是孩子感兴趣的游戏，促使孩子在开心喜悦中去参与、拓展，促进孩子空间感的提升。在孩子空间感很差的时候，要给予孩子敢于尝试的勇气。要用行动来保护孩子，让孩子感受到被保护的安全感。比如，老师根据孩子的具体情况扶着他，当孩子前庭觉及本体觉提升了一些以后，扶着孩子的力度逐渐减轻。当孩子“自我膨胀”，不让老师扶的时候，老师可以借此假装撤销帮助，实际上还是在暗中保护他，万一他不小心没站稳，老师还能接着他，让孩子感觉到老师真是太细心、太贴心了啊！

遇到登高的游戏器具，千万不要只简单地说：“上去吧，没事的！”更不能说“你看比你小的弟弟都能走，你也能走”之类的话。那样对孩子一点帮助都没有，他会想：“你说没事就没事吗？那我摔了怎么办？”仍然不敢尝试，不敢拓展，反而还会自责，觉得自己没有能力、没有胆量。

Q 问题 69

有的孩子痛觉不灵敏，是什么原因导致的？什么时候会得到改善？

关于痛觉问题，主要是建立在孩子的“肤觉感”之上的，也就是皮肤的感受性，主要是看他的大脑恢复的启动状况，不同的孩子情况不同，没有一个统一的时间表可以预估。比如有的孩子刚来，老不倒时差，他大脑潜能没有启动，痛觉恢复就比较慢。有的孩子顺利进入类倒时差期后，各方面启动得比较快，恢复的进程就快。孩子痛觉的恢复，首先是“肤觉感”恢复，即当微风吹过皮肤时的感觉，如果肤觉感都不正常，那么他的痛觉感也是不正常的。

还有的孩子出生时被产道等过度挤压，有的孩子脑袋都被挤压变形了。总之，各种原因引起的对大脑的损伤，影响了孩子大脑的平衡发育。这样大脑已经有了物理上的轻微变化的孩子，一旦检测出孤独症就比较严重，他们恢复起来就比较慢。

Q 问题 70

课程中对孩子有针对性的促进措施是从什么环节开始的？

一般来说，老师跟孩子多一些肢体和皮肤的接触，从这里开始，但是也要因人而异。

有的孩子，前期你跟他靠近的时候，他似乎毛孔就张开了，这个时候就不要去靠近他，此时对他采取皮肤接触就是一种强烈刺激，很难说会出现什么结果。如果用毛巾给他擦擦擦、蹭蹭蹭，都蹭红了，这个孩子浑身都是紧张的，越蹭红越紧张，后来他看见毛巾就害怕，老师说触觉感好了，实际上他的触觉感仍然是不正常的，只是一种惊吓。我们不能只解决表面的问题。痛觉不是仅仅解决他不知道疼痛的问题，他是从内心屏蔽了痛觉感官。如果不能在心理上给他打开，不解决、不释放他压抑的情感，痛觉的恢复不会从根本上解决。也就是说，他的痛觉恢复得不正常，本不该那么痛，但是他表现得比谁都疼。那个毛巾还没拿过来，他就疼得不得了了。有时候摔了一跤，他反而没有什么感觉。他会把痛觉放大，或者该疼时不敏感。

Q 问题 71

孩子为什么一直来回跑、跳？这个阶段什么时候能过去？

一直来回跳，大多数是多动，往往是布朗多动期。布朗多动期孩子是漫无目的，没有目标，只是想到处动、到处跑。

孩子这个时候其实是想增加对外界信息的获取和刺激，他跑到这边又跑到那边，跑到这边看到小朋友，跑到那边看到老师，看过老师再跑到那边看墙，跑来跑去，但他没有目的、没有目标，因为这个时候他的思维是不清楚、不确定的。没有具体的思维，只有短暂的、缥缈的思维。这个时期什么时候能过去？这不是以时间来判定，跟他随着课程和老师与他的互动有关。老师跟着他来回跑，边跑边跟他互动，边用语言来跟他对接，不断提供信息的刺激。

什么叫对接？当他看到一个小朋友的时候，老师会马上跟上一句“我们看见 ×× 宝贝啦”；然后他又跑，“我们跑得多好啊”；快跑到这边时，老师就说“我们又看见墙上有 ×× 了”，他有可能要摸一下墙，对那堵墙是短暂感兴趣，摸一下就跑了。

老师这样做的效果是，在他短暂的感兴趣、缥缈的思维当中，我们去捕捉，我们去对接，把他的思维和兴趣的瞬间闪现具体化，给他留下一定的记忆和印象，这在认知心理学上是在加深并丰富他的认知图式。这样就把他激发出来的对外界的观察和兴趣具体化，以及对外界的兴趣进行一个延伸，这种延伸是在帮助他对所观察到的事物之间建立最初的联系。比如，刚才看见的一个小朋友坐着，那边另一个小朋友站着，他过来过去看见的每一个小朋友，姿势位置都是不同的。下一个小朋友是什么姿势呢？我们都给他解读，解读一定要及时、准确，一定要跟上他的眼神，老师在奔跑追赶的过程当中要看他的眼神，要和他对接。

你看见在他跑的那个方向不一定是一个小朋友，可能还有一个老师，可能还有很多海洋球，可能还有一个吊床，也可能还有一个大滑梯。这个时候你要看他的眼神定在哪儿，上一秒和下一秒都定在什么地方，定在一个什么事件当中，那么当这些刺激一次一次地使他接受得越来越多的时候，在老师的提示和解说中，他对外界事物的认识极大增加了、清晰了。他开始对外界感兴趣，他可能在跑来跑去的过程中，脚步多停留了几秒钟，他多站着看了两秒钟，然后再跑……这样逐渐往后，他在跑的过程中就有可能在某一个地方停下来，然后摸一摸继续观察一下，然后看看别人怎么玩。这说明在他脑子里原来飘忽不定的“感知—认知—图式”的过程，开始形成趋于稳定的认知图式了。

说得直白一些，其实他跑来跑去也是在看别人怎么玩，他想下一次摸一摸、玩一玩，也尝试一下，但是又不知道怎么深入地玩。他有面子和自尊心，不能站在人家旁边去观察“学艺”。只得假装没有兴趣，跑掉了，然后再跑回来。他就是这样跑来跑去看别人怎么玩，逐渐就学会一些，就不再跑了。自己停下来甚至坐下来，静下心来对某一个玩具感兴趣，然后来研究琢磨，这样他这个“布朗多动期”逐渐就过去了。由此看来，每一个“期”表面看似是生理现象，其实质是认知在提升的过程，也是认知与生理在相互增进的发展过程。

刚来的孩子是比较封闭的，他不爱动，对老师不接受。在布朗多动的这个阶段，如果要让他对跟随他的老师不排斥，那要取决于老师的经验。老师靠近他，他刚开始是排斥的，这个时候老师要跟他保持一个安全距离，最早的安全距离大约是1米，然后逐渐缩短到0.9米、0.8米、0.7米等。

如果他一来就允许老师与他的距离在0.5米，我们老师就在0.5米的距离。如果他允许老师、喜欢让老师把着他走，他走在海洋球池边缘上走不稳，所以他就喜欢老师把着他。这时老师就可以跟他直接接触、零距离接触了！但这是要有一个过程的，有的孩子个子大，每次都是两个老师把着，看起来就像两个老师架着他，如果他不需要，他是不让你架着他的，他有需求，我们才会来把着他。一个人把不动，他又走不稳，我们就是两个老师把着他。

Q 问题 72

无语言的孩子有时候互动得很开心，但是表达很少，怎样可以引导他们表达得多一些？

对于没有语言的孩子，我们一开始不是专门训练“语言”(当然我们也有专门的语言课)，除了专门的语言课以外，我们在其他课中更多是让他有一个忘乎所以的互动。他的开心若不达到忘乎所以，就说明没有达到他的极限。达到他的极限的时候，随着他的笑，他的膈肌就会开始跃动。整个身体的肌肉都在动，膈肌的运动会带动他气管运动、声带震颤，这个时候其实就是他的发音器官最好的预备，是发音系统的总动员。在这个过程当中，他就开始一个一个字蹦，我们叫“蹦字碰词儿”，他就会碰出一两个字或者碰出一个词，这个状态就是忘我。

为什么在忘我的时候会发出字和词？是因为他的整个声带系统、发音系统没有毛病，孩子只是缺少一种习得性，之前没有启动过用语言来完成表达的过程。他在家里一直都没有启动过“语言”的用途。在家里，他一个动作、一个眼神，家长就知道他要吃什么，一个手势，家长就知道他要什么，马上就给他了。有的家长就是用反着的做法，“你不说，我就不给”，以为这样就能把他的语言逼出来了。这两种极端做法都不行。不满足他，他会没有欲望，不表达了，眼睛也不看哪儿了，手也不指哪儿了。那种孩子更麻烦，他把欲望彻底关闭了，还不如那些刚来时只会指不会说的孩子语言发育得快。那些连指都不指的孩子没有欲望，不但语言慢，功能都出得慢，表明他被压抑得更深。

所以这个时候我们的引导恰恰在于让他玩得更开心，调动到他开心得忘掉了一切。他笑得前仰后合，往往在这个时候他突然就冒字了！我们的引导就是在这一瞬间抓住他冒出来的这个字对他进行褒奖："真棒呀！说得真好，我们还会说什么吗？"

比如，他想说"开门"，可能只说"开"，他的目的是让你开门，要进某一个房间。孩子最初的"语言"一定是有一个重点的，他肯定先说"开"这个动词，他绝对不先说"门"。当他路过门那里，他想表达"门"这个物体的时候，他会说"门"。但是当他想开门、让老师拿门卡的时候，他会说"开"以表示动作和结果。这个时候他一下就冒出来"开"字了。老师说"我们会说开门了"，又鼓掌又欢呼还奖励。这个时候就要及时奖励他，奖励好吃的，还要把他的手擦得干干净净，给他奖励。奖励的声音在先，要及时。奖励的过程、擦手消毒啊，可以稍慢一些，有一些延迟等待的意味。这个时候他吃的奖励小食品，虽然平常家里也给他，但是今天他会吃得特别香，因为是他的"语言"成就所得，他有成就感。这样的引导叫作"润物细无声"。这样的"成果—激励"也带有行为主义原理的运用，但是却和传统干预训练的"刺激物—结果"正相反！前者是要对"主动意识下的行为"给予及时的奖励，后者是对"刺激物作用下的被动反应"给予强化，所以往往遇到"社会迁移"失败的结局，而且不能得到长期的巩固。我们把"有意识／主动意识下的行为"——这样的字与词之间的连词称为"无缝连接"，自然涌流。这就特别符合马斯洛人本主义心理学的"巅峰体验"。我们的语言训练，就是尽最大的努力，在使孩子达到巅峰体验的时间里、状态下完成的。

孩子在产生语言的时候，首先要把他最核心的想法表达出来，一般都是动词，或者他需要什么时指那个东西，可能是个名词。当他把最核心的表达出来以后，再慢慢把自己的意思连接完整，最后语言就水到渠成了。

前期还听不懂的时候怎么办？我们要跟着他一起用“火星语”交流，这个技术是非常重要的。如果他一来我们就要去教他，你就是哪壶不开提哪壶。他哇啦哇啦地讲他的“火星语”，你看到他手里拿着一个玩具香蕉，非得要教他这个是“香蕉”，结果他连“火星语”都不说了，因为伤了他的自尊心。当他表现出喜欢这个香蕉时，你可以把正确的语音信息给他，但是我们回应还是要以他为中心。

对于启发孩子的语言，我们还有一个技术诀窍——“捕风捉影”，这是我们最重要的技术之一。例如孩子刚开始发“香蕉”这个音，虽然发不准，但是老师马上理解后就表扬他。这个时候孩子会觉得“你理解我，我虽然发音不准，但是你知道我说的是香蕉”。这个时候老师一定要杜绝用香蕉正确的发音去纠正孩子不准确的发音！否则孩子马上会觉察出“你嫌我说不好”，这样做就会阻止孩子继续尝试发音的勇气和兴趣。

如果老师用“捕风捉影”的办法，听懂了并且马上表扬了孩子的“语言”，孩子就会想：“我说得这么不好，你还理解我，还认可我说的是香蕉！”他就更有信心逐渐把发音自觉地向“香蕉”靠拢，他就会偷偷练习——一个能够逐渐逼近最佳结果的“迭代过程”开始了。正确的发音就是这样由孩子自觉地学会了，而不是被动强化“干预训练”出来的。可见学习时的心态、情绪、兴趣都很重要。

有时候家长会发现，孩子在家里的时候到了“火星语”期，他就自己在那里说他的，他不希望被家长嘲笑。这个时候家长又要问孩子怎么又封闭了？我说他不会再封闭了，因为昨天的状况说明孩子已经达到一定高度了，他是在自我训练。回家后观察，第二天回来说：“贺老师，孩子还真是在自我训练。”我说：“孩子背朝你，他找一个旮旯儿是怕你打扰他，这和之前找旮旯儿蜷缩着发呆是不一样的。之前找旮旯儿就恨不得有一个缝钻进去。现在他找旮旯儿是你们先不要打扰我，我要在那里自我练习。”终于有一天他说对了一个字“香”，或者是“香蕉”这个词，他就这样一个字一个字清晰地发出正确的音，最后逐渐达到了清晰连贯的发音。

这时在他说的字词里仍然会有个别不清晰，我们要等待他，陪伴他去完善这个清晰度。清晰度来自他整个声带、气管、气息，包括膈肌，包括胸腔，包括他的嘴唇的配合度。其实这个时候最根本的是他的大脑中主导语言的脑区在完善，当语言脑区启动了、激活了、兴奋了，一轮一轮迭代练习着，在这个过程中他发的音就越来越准了。而不是我们给他捏舌头、掰嘴唇，不是那个意思。治标还是治本？要从根本上解决才会有真正的效果。有的家长跑到医院把孩子的舌肌剪了，剪错了的孩子，他的发音残障是永久的，好多音都发不了，因为他的舌头不能准确地定位。说到这里让我们感到心痛。

Q 问题 73

有的小朋友喜欢跳蹦床，但是不敢爬高，为什么？

跳蹦床不敢爬高，还是一个安全感问题。我们的蹦床都有围栏，其实就是要让他在一个有安全感的环境当中，让身体能够听从自己的支配，同时还能够掌控被弹跳起来的那种不稳定感，也就是他在逐渐地适应重力场下的重心的改变。蹦床是一个运动量比较大、重力场改变也很大的项目。

我们的蹦床比一般的要稍微大一些，然后一定要有围栏。这个围栏要相对高一点，有的围栏只到高个子孩子的胯下面，这个围栏等于没有，孩子搞不好会蹦出去，他也不敢放开了跳。跳蹦床是中期阶段活动。运动的最初阶段是瞎跑、布朗多动，跳蹦床时的孩子相对有能够支配自己的身体、能够掌控自己身体的能力了。这个时候的孩子越跳越高，动作也越“专业”。他们在学会掌控自己身体的同时，越来越想去突破自我。他熟悉蹦床不等于他熟悉爬高，他爬高的能力还没有达到，爬高的高度他掌握不了，高的地方也没有围栏。但是一旦他能达到爬高的时候，这个时候就不用为难他了，再用为难的各种消极办法就是在束缚他了。所以我们每一个设置都是有讲究的。

到了蹦床的后期，孩子就开始有“野心”了，他已经达到了自我膨胀阶段。孩子经过了一段时间跳蹦床以后，他自动放弃或改变成别的运动。这后面的转变都是他自己产生的。老师的引导仍然是“先跟后带”的方式。

Q 问题 74

孩子如果老是玩一种物品或者一种游戏，算不算兴趣狭窄？这一阶段要持续多久？

孩子持续玩一种物品或者出现兴趣狭窄，这时会有两种情况。一种情况是只玩一两种玩具，而且玩的方法也没有什么变化，那说明是兴趣狭窄，孩子的兴趣还没有打开，一般这种情况发生在刚来的时候。还有一种情况是孩子持续玩一种东西，而且还会尝试不同的玩法，那很可能是在研究，所以要分清情况。如果是兴趣狭窄的孩子，老师要特别耐心地去陪伴他，去满足他仅有的狭窄的兴趣点，然后才有可能引导其拓展其他的兴趣。对于刚来的孩子，他的兴趣狭窄，我们就在狭窄的兴趣当中去陪伴他，让他心情愉快，提高关注能力，去发现更多兴趣下的拓展——各种新的玩法。

如果孩子在老师的陪伴下，能自己尝试发现这个物品不仅仅这一个玩法，孩子就会尝试新的玩法。有的家长往往会说“让老师多教孩子玩”。如果能够像家长认为的那样轻易地教会这里的孩子各种玩法，那孤独症在全世界早就不是难题了。其实，家长越是在这个时候，越是要有耐心。家长没有耐心可能正是孩子走到今天的主要原因之一。家长以大人的角度看孩子，没有耐心，就不愿意去陪伴那种无聊的玩法，总要搞出个花样来，这样的做法使孩子幼小的心灵很容易受到伤害。

这种大家认为的无聊，对于孩子来说，正是产生“有趣”的基础。要陪伴他在无聊当中去逐渐发现。在把玩的过程中突然发现这个玩具的某一个功能，孩子是有惊喜的，会让孩子的大脑兴奋，是会有多巴胺产生的。如果是你教他，孩子的认识能力暂时还赶不上你，他就不会对玩出花样来存有兴趣，当然也就不会有惊喜了。没有这种刺激，他的大脑就不怎么会启动。下一次你还得教他，他也许会忘掉，也许终于记住了，但不能灵活运用，最终你教会了他一种或两种玩法，他认为这种玩具就定格了。

如果等他自己去发现不同的玩法，孩子的这种能力、发现新玩法的方法是可以迁移的。对下一种玩具要摸索出更多的玩法，他就不会花那么长时间了，他会很快发现基本的玩法和自创新玩法。再玩下一个玩具，他的兴趣就逐渐拓展，因为每一个新的玩具或者玩法都是他自己拓展出来的，他就获得了拓展自我思维的一种方式。这种方式正是在最初的无聊当中尝试出来的。尽管刚开始无聊的尝试时间特别长，但后来他会越来越快。所以咱们这儿的孩子到后面的创造性思维空间非常不错。咱们这儿的孩子在上小学的时候回答问题，往往比班里其他的孩子回答得更有深度、更全面，因为他获得了一种学习探索的思维方式，这对将来的成长非常重要。

Q 问题 75

孩子喜欢踮脚尖走路，具体是哪些方面的感统失调？

刚来的孩子踮脚尖走路是一个比较普遍的现象，几乎有 95% 以上的孩子都是踮脚尖走路，包括曾经接受过好多年感统训练的孩子。如果非得让他把脚跟放下来走路，他会站不稳，感觉要往后倒。他平衡身体的能力不足，所以他就需要踮起脚尖来人为地往前倾，他可以往前再跨一步补救一下，使身体恢复重心的平衡。因此踮脚尖走路的孩子往往是半跑半跳着走的，因为他不及时往前跑跳，他就感觉站不稳，这主要是前庭觉和小脑发育不完善造成的。当然，前庭觉和他的小脑都发育完善了，平衡能力上来了，身体能够稳定了，就不用再踮脚尖走路了。

有的家长刚来的时候很焦急地问："我们孩子被原来机构纠正踮脚尖走路都三年多了。那里的老师让我们天天看着他，可是一没看住又踮脚尖了，怎么不管用啊？这可怎么办？"其实解决问题要从根本上去解决，而不是从表面解决，你不让孩子踮脚尖，他可能在你面前不敢踮脚尖了，但是他此时走路就不是常态的，而是特别注意控制的、紧张的。一个人若经常处在紧张的状态下，大脑也会处于紧张状态，不利于大脑发育和发展。因此，对待这类问题，我们恰恰不会用"头痛医头，脚痛医脚"的方法，那样就相当于某些机构对待孩子"直愣愣练对视"的做法一样。虽然有的孩子对视时间延长了一点，但是仍然不会用眼睛观察对方的表情，而仅仅是看着你。我们从来不强迫孩子练对视，那种训练的结果就像“无根之浮萍”，而且会给孩子带来进一步的刻板。反观来到我们这里的孩子，经过一段时间后，对视效果都会逐渐提升，而且还会解读对方的表情及心情。这种对视是打开了孩子的“心灵之窗”。

孩子产生了对视，其实表明他有交往的欲望了。对视不是训练出来的，而是两个人要用心灵交往的一种方式。踮脚尖也是一样的。很多文章说孤独症孩子有特殊的体形，是大 A 字形。A 字形就像个支架，是在紧张状态下各方面肌肉和肢体都紧张才这样。孩子连走路都在紧张状态，不让踮脚走路，必须放平，放平他又站不稳，所以他必须非常拘谨、非常紧张。我们恰恰是不教他练如何走路的姿态，而是促使他的前庭觉乃至小脑逐渐完善，然后孩子的平衡感上来了，能自己掌握稳定了，他自然就会恢复到常人走路的姿态。

我们很多课程都是从整体来考虑孤独症孩子的康复，我们称之为“教育转化”，而不称其为干预训练或者治疗、治愈等。

Q 问题 76

孩子为什么喜欢一直转圈圈？老师应该如何去改善？

其实孩子生下来就对圆的东西感兴趣，比如有各种形状的东西放在那里，他们首先对圆的形状感兴趣；你把各种颜色放在那里，他的眼睛一定是跟着红色走的。哪怕是刚生下来不久的孩子，第一眼就看上红色了。照理说孩子此时的视觉发育还处在很初级的阶段，有些育儿专家说孩子只有黑白的辨别能力，所以给他看黑白图片，用黑白的闪卡去训练他们。专家应该只说对了一半，刚出生的孩子光感的确很弱，我们只用黑白去让他分辨，就把他装在黑白的世界里，那他的光感会一直得不到新的刺激和发展。刚出生的婴儿虽然只能看到不同程度的黑白色，但对大红大绿的刺激相对更加敏感一些，不让他看大红大绿，只给他看黑白，相当于在黄金敏感期剥夺了婴儿仅有的提升色彩敏感度的机会，这种孩子在没有见到外界环境的很长一段时间（坐月子）内，都会错误地认为世界就是黑白的。

一个严峻的事实是，视觉辨识敏感度的提升也有黄金窗口期。当过了孩子最关键的窗口期再用颜色的话，就达不到当时那种对他大脑刺激的启动的影响，所以早期缺乏或错过适当色彩刺激敏感期，甚至影响到以后他的视觉辨别敏感度都比较弱。曾有书籍介绍错过儿童视觉敏感期可能会导致失明的后果。

我们从色彩心理学对视力的影响，回到喜欢圆的东西。对刚生下来的孩子，圆是一个闭合的状态，可能就是带给人一种安全感，所以他们对圆的东西感兴趣。喜欢转圈圈，是因为转圈圈代表着他们处在一个动态的圆里面。但是如果一个自然年龄已经几岁的孩子，仍然喜欢转圈圈，就表明他的前庭觉发育不完善，前庭觉失调——他不知道晕！所以他会不停转圈圈，转来转去，不让他转反而会使他很难受。当他在转的动态过程当中觉得很开心、很舒服、很放松，这时候我们就不要去剥夺他仅有的开心状态。

那么，怎样去解决这个问题？就是我们各种感统游戏课程，让孩子愿意积极参与，甚至达到克服各种困难去促进前庭觉逐渐启动、发育和完善。当然，我们的感统不是传统的感统训练，而是孩子自愿参与掌握自己身体各个部位协调的感统。虽然使用的器械看起来是一样的，但是我们的方法不是那种刻板的固定的模式，不是让孩子完成任务的模式，而是由老师陪着孩子一起“嗨”起来。哪怕是陪着转圈圈，老师往往是站不稳的，但这种示弱有利于孩子自尊心的建立，更容易激发和培养他自主的意愿，通过拓展一种兴趣来感统自己，我们叫“自我感统”或“自我刺激”。最后你会发现突然有一天他有点知道晕了，他开始脚下“拌蒜”了，说明前庭觉在启动、发展了。家长一看好开心：“终于能感觉到晕了，眼看着就转得慢下来了，真是太好了！”

他的前庭觉启动了，他就有晕的感觉了，他自己就会慢慢地不那么乐此不疲转圈圈了。他终于能够把更多的精力投入一个正常的游戏当中，这就达到了一个良性循环。

跳蹦床也是在一个圆的环境当中的运动。这个时候是在一个封闭的相对安全的中心点，所以他就能通过上下蹦，通过不停地失重、超重，得到一种对超乎一般重力场的体验，他特别高兴。

还有一个现象，孩子一开始都是腿不会打弯、直着跳。经过一段时间的课程，特别是感统游戏课，在老师引导下，他很快就学会了蜷腿跳。后来还发现他们在跳的过程当中，是以一种航空陀螺仪的方式在跳，他的身体是在自转，与他在蹦床里面的移动方向是相对逆反的方向。身体在逆时针自转小圈，而身体移动却是顺时针转大圈。仔细看他在蹦床的边缘不断改变位置，等于他身体的自转和绕蹦床跳动是反方向的。其实就是陀螺仪的“进动模式”，这可能不仅是一种单纯的蹦床技能，实际是处在两种不同的运动方向之间的平衡状态。

前期，老师不是人为地要孩子安静下来，而要打开刻板的情感通道，后来才会逐渐敞开来。打开需要多巴胺，抑制需要内啡肽，最后多巴胺和内啡肽达到一个平衡的状态。这种时候他的机体就是以不变应万变的状态了，就是说不去消耗更多的能量，在那不乱动，但是一旦有事情来了，能够动起来去解决问题，那是后期的更高境界的一种状态。但前期如果没有那种能够产生多巴胺、打开的状态，后面的抑制就会让孩子直接把自己限制住了，他就抑郁了，就更加封闭了。

Q 问题 77

亲人的情感漠视是孤独症孩子产生的原因吗？

有一个现象，每次放学后家长来接孩子，往往有的孩子都到电梯里了，家长还跑回去拿包、上厕所，或者还在回手机信息……

这些现象说明有的家长对事、对物的重视超过了对孩子的重视。哪怕就是在一瞬间，比如有的家长正在手机上谈生意，太专注了，连孩子跑出去跟着别人上了电梯都没有察觉，直到别的家长把孩子送回来才发现。难道眼下生意比孩子更重要？孤独症孩子特别容易走丢，因为他们的认知还没有完全提升上来。等他们提升上来之后，他们会主动关注家长来没来，家长走没走，自己应该等一会儿家长。但在认知还没有提升时，他们自以为家长跟着，就跟着自己的感觉走掉了。所以一部分家长对孩子存在情感的忽视，才容易产生这样的孩子。

这只是产生孤独症孩子的原因之一。这样的孩子自身就不容易和家人产生沟通，如果再加上家长的情感淡漠——往往家长都在忙于眼前的要务，或者几位家长对孩子的事务都有话语权，而往往意见又不一致，导致孩子心理压力极大。每天都要对各位家长“察言观色”，小心处事，就这样还经常受到家长的语言或者眼神的责怪。孩子的幼小心灵难以承受这样的家庭环境压力，孩子逐渐就把自己封闭起来，“以不见，应万变”。

我们也在反思这样一个问题：每年按照人口出生比例，仍然有新生儿成为孤独症孩子，而且在沿海发达城市、经济发达地区的“三高”家庭中，发病率只升不降，这是为什么？

虽然医学界已经对孤独症成因展开了多年的研究，但是主要聚焦在以遗传学——基因组合与孤独症的关系上，而且因为变量过多而不得其解。我们提出从表观遗传学与环境心理学致病、城市环境对婴幼儿发育的压力与干扰、新生儿的大脑在各类信息密集刺激下出现的发育顺序紊乱等方面观察，结果是现代儿童的出生环境与他们的本质特性——未完全发育的“动物”所要求的自然环境相差太远，他们出生前后太缺少与大自然的接触和放松地融入大自然的心灵体验了！据统计，孤独症孩子出自“三高”家庭、剖宫产的比例奇高，而孕期的妇女在正常行为以及体力活动被极大限制的过度“关爱”下，在丰富的营养条件和缺乏体力支出的工作环境下，胎儿发育超常导致胎位不正，从而必须采取剖宫产的比例极高！剖宫产等于人为地剥夺了婴儿来到世界上的第一次为日后“五官六觉”的均衡发育所准备的礼物——与母体分离仪式，挣扎出生的生存体验。这样婴幼儿的大脑就容易失去在生理上“平衡有序”地发育的第一道保护屏障。虽然他们在出生后的 12 个月之前，多数可能表现出超常聪明、功能特异、听话好带、自顾自玩等看似超过平均月龄发育水平的“可喜的迹象”，但那恰恰可能是婴幼儿大脑神经网络发育失常、失衡的表征和不祥之兆。很多家长都有这样的描述，前面高度相似，但是到了 2 岁半～ 3 岁时，孩子就开始出现某些功能退化，而被确诊为发育迟缓或孤独症（及谱系）问题。

建议家长可以在此期间（孩子尚未发育语言），观察孩子有无“与人交流”的欲望表现，借以判定幼儿有无“自闭”倾向。例如，在家与家人有无恰当的回应，在外与路人有无相应关注，与陌生人的互动。另外，孩子有无主动表达意愿的举止动作。

Q 问题 78

一些孩子斜视是什么原因？需要怎样帮助纠正？

斜视分两种情况：一只眼斜视和两只眼斜视。

第一种情况是一只眼斜视，应该是孩子大脑的视神经没有发育好，他的视神经乃至神经支配的这些眼周的肌肉不协调，他看东西是斜视的，其原因是与孤独症孩子的脑神经发育受到干扰同源。而且像这样的孩子来的时候几乎或多或少有些不同程度的斜视。有的家长去医院给孩子戴眼罩矫正，一般效果不佳。因为这不仅仅是眼睛出了问题，最根本是要促进大脑视神经网络的激活、启动、发育和发展，才能从根本上解决他的斜视问题。我们课程正是在激发孩子潜在的正常发育功能，在“用进废退”的遗传功能设计下，大脑会自我检测，然后对“五官六觉”的感官进行综合平衡、自我矫正，达到协调性发育。经过一段时间，自然就出现了对“斜视”的调整和自然矫正。生物有这种后天“补偿发育”的功能，如比目鱼刚孵化出来时眼睛在两侧，后来随着鱼群的生活习性和深海生存环境，两只眼睛之一就出现了“迁移”现象，最后移到了鱼身体的同一侧。

第二种情况，如果是两个眼球都斜着看人，那基本不属于视神经发育不完善的范畴，说明孩子的认知和人际交往能力还没有提升到很好的程度。当他想观察对方又没有足够的自信时，他就不用对视，而用斜视，等于在偷看、偷偷打量，还有就是“偷学”。他偷看别人，又不想被发觉，所以用斜视的方法来掩饰他对外界的观察。他认为“我没看你，但是我又在观察你，我如果直视你的话，你要对我提问题，我如果回答不上来你的问题，或者我如果不愿意回答你的问题，那就尴尬了”。他们更怕自己回答错了，“你们会说我，甚至更要纠正我”。所以这个时候他只是瞟你一眼，看上去总像是“斜视”。这种“斜视”就更不用矫正了。我们老师不专门去纠正，反而是暂时认可甚至直接解读孩子的表现，“我们斜着看一看小哥哥”，让他意识到此时的斜视也可以被合理地接受。

心理原因导致“假装斜视”，等孩子的认知提升了，随着我们的课程，老师与他的互动，然后给他的引导，逐渐使他达到了能够在生活中、社会中、家庭环境中去应对所面临的各种人、事、物的时候，就没有必要斜视了，他逐渐不用斜视了，会直视、对视。这个时候他脸上自信的笑容也有了，因为他知道你可能要提什么问题，并且有把握正确回答。如果他觉得你的问题提得对他似乎形成一些所谓的威胁，不是善意的或者是高难度的问题，他就会找借口避开你，他也不会用斜视来解决。例如他找借口，说“我妈妈在那里等我了”，或者“我上个厕所”……这个时候他大脑的灵活度上来了，所以他就不用斜视来掩饰自己了。他用的策略是以“无害的谎言”来掩饰自己，这也是认知的提升。

Q 问题 79

孩子伤心的时候是撕心裂肺的嘶吼，为什么就是哭不出声音？

自闭、孤独症的孩子哭不出声音的现象很普遍，尤其是相对大龄的孩子刚来时都不会哭，小龄的孩子哭的功能的激活会非常快，甚至有的来上第一次课时就会哭。就是因为年龄小，孩子还没有经过强迫的干预训练。

其实，不会哭的孩子，并不是没有委屈和伤心事，而是他们的伤心都是压抑着的，哭泣是感情对外交流的一种方式，也是孤独症孩子向外释放积年沉怨的一种“语言”。敢于释放，有目的释放，能够分场景的释放，会哭其实是一种智慧和能力。

孤独症孩子，大孩子哭和小孩子哭不太一样。小孩子哭得可能更原始一些，他没有那么多的压抑，直接就哭出来了。大孩子是一边哭一边觉得要忍，“你们说过不该哭，我就不该哭，我就又忍回去”。一般情况下，大孩子的情感板结的缝是一点一点打开的，小孩子却像开闸一样直接就哭了。

大孩子哭的时候也有不同。他是哪个时期出现的问题，他会去年龄回溯。有的大孩子年龄都快 10 岁了，可是哭起来就像差不多 1 岁之前的小婴儿那种声音，你要不去看，会以为来了一个新宝贝。我一看他钻在妈妈怀里哭，那天就是开始“开闸”了，这一开闸不要紧，大孩子开闸会带着强烈的暴力出来。因为他个子大了，内心的委屈积压的年头太长了，他的“情感压缩包”压强太大了，这个时候释放出来就非常有可能形成暴力的喷发。但是老师应该能够看出来些苗头，既要让大孩子往外释放压抑的情感，以免今后人生再留下情绪失控的痕迹；又要根据大孩子的体量，把他释放暴力的过程延长，使得他的暴力释放得更为平缓一些，以免伤到别人和他自己。一般他伤不到别人的时候，往往会出现“自残”的现象，会咬自己的手。

小孩子的哭也会有暴力，但是没有洪水般那么强烈，一般不会哭的孩子会哭了之后才出暴力期，即使出来也相对弱一些。

Q 问题 80

为什么哭会和暴力连在一起呢？

如果孩子康复到有能力去面对他的委屈和痛苦，敢于哭出来了，说明他板结的情感“松土”松得更好了，孩子潜在的功能要出来了。潜在的功能往往会被一种力量“拱”出来，就是被他过去压抑到“潜能库”里面的一些自己过去不敢面对的情绪，伴随着他的忧伤、愤怒、积怨，这些情绪就一起拱出来了。

基本上哭完了以后就会出暴力。这个问题还真得强调一下。这个时候就得引起注意了，此时的哭是一种情感表达，也是一种暴力表达。老师既要帮助孩子“鸣放”彻底，又要控制住力度，对于大龄且体量大的孩子（体重可能超过 40 ~ 50 千克了），有时要三四个老师协助安抚、保护好孩子，不要伤到老师和他自己。

对于处在这个阶段的孩子，他在自我感知的基础上出现了“自我膨胀”；在对外界感知的基础上，出现了对周围认识不足和社交技能的缺失与障碍；同时这种能力的不平衡又和倾泻过去积蓄的负面情感交织在一起，同时发生。这时老师与孩子同时面对两种选择：一是把负面能量和自我膨胀结合到一起，就必然成为“暴力喷发”之态；二是把正面能量化为对行为对错的价值判断，并且和社交技能的提高结合在一起，就成了既能够倾倒过往的沉积，又能够以良好的心态，带着对下一步的期望向前发展。在希望得到接纳和习得社交技能的共同作用下，在有效提升马斯洛需求层次说第三个层次的需求，即社会交往／归属感的更高认知阶段上，暴力的爆发才不至于过于强烈。简要地说，即以认知增长来克服／释放潜意识中的、低层次的焦虑时的猛烈情绪。

总之，对认知已经提升到超过初来的孩子，前庭觉也发育到一定程度，帮助他们更快地跳出新的“刻板习惯”的有效方法，应该是从人类需求本能的第三层次着力——从改善孩子周围的“社交环境和语言环境”入手提升认知，来促使孩子继续进步，而不是缓慢地等待时间的流逝。

Q 问题 81

这时的“出暴力”是不是孩子有情感表达以后的一种强烈意愿？

是的，孩子想展示一下自己。他的自我情感，他被这些忧伤思绪及“我不该哭”情绪压抑得太久了。

哭和暴力是“倾泻积淀情绪”的两个方面，或者说是两种不同的表现方式。孩子用“暴力”表现的心态和用“哭”表现的心态之间有内在的联系。这时的“哭”包括：孩子想要倾泻的东西不容易被描绘得太精确，挤压到一定的强烈程度又敢于向外释放了。此时，应让孩子将过去种种条条框框压抑的“耿耿于怀”的负性情绪“不吐不快”！为什么这样说呢？因为在哭的过程当中，我们发现孩子的对视出来了，他的语言也出来了，甚至他的语言逻辑也出来了，有很多孩子是在哭闹过程中就喊出话来——出语言了。这就表明他努力想表达这种委屈，不管是再度使用“暴力”，还是通过“哭”来表达。而且可以说，用“暴力”表达是一种回归原始的方式，而用“哭”表达是一种提升到人类社交层次的方式。

在哭的过程当中或者哭闹期过后，孩子开始有欲望了，开始想从外部获取自己想要的东西了。这个时候为了提升自己的胆量，他就要把过去的负性情绪先释放出来，把压抑自己的情感冲开。相当于一个人要想跳两米高，他必须先有跳到两米以上的那种高度的冲劲儿。借助哭闹和暴力把板结的沉渣释放出来，释放暴力时也把好的东西带出来。

一般情况下“出暴力”完了之后，小龄孩子在哭的过程当中就要出语言了。但是不管出没出语言，他哭过以后会神清气爽，高兴劲儿溢于言表。有的大孩子一边哭一边就出语言了。有个别出语言慢的孩子，基本问题还是不太会“哭”，各种倾倒的方式还不到位。直到他也开始哭闹发泄之后，很神奇的是语言也跟着出来了——说明两者之间是有内在联系的。

对那些已经有一些简单语言的孩子，一边哭，他的语言逻辑就开始出来了。对他后来词汇、句子的出现，这是一个酝酿、挖掘的过程。逐渐在后面那些阶段，他的语言就更加有逻辑性了。

孩子最初开始哭的时候，是用哭来作为情感的一种表达，在情感表达过程当中，小孩子更容易出语言。大龄孩子在出暴力以后，又出现哭，这是件好事，他们冲破过往沉积的压抑需要一个过程，力量也会有急有缓，他们的语言也就慢慢出来了。其实释放暴力和大哭是一个渐变的过程，是孩子把自己从过去很长时间的压抑当中释放出来的一个过程。

这些孩子早期不会哭的时候，只是用嘶吼来表达内心的呐喊，刚开始没有眼泪，他嘶喊到后来逐渐有了眼泪，或者有的孩子刚开始虽然有眼泪，但是喊不出声音来。很奇怪的是，那些又有眼泪、又有声音，就是声泪俱下的孩子打开得更快，效果就会更好。前面说的那个 9 岁多的孩子，他一开始也有嘶喊，后来变成了哭，现在不太哭了，但是最近有时候抽泣。那天在课堂上，他边哭边打人边咬人边喊，边说话边冒语言边冒句子。他妈妈也发现，他来了还不到半个月，刚上 10 次课，表达就比过去拓展了一些。而且几乎每天都往外冒新词，这些新词都符合场景，全家人欣喜得不得了。

这种情况还可以细分，特别是老师和家长都要学会区分。如果只有嘶喊，说明这个孩子压抑得太多，但是他有一种积极向上的、相当于弯道超车的“向心力”，当他的这种欲望非常强烈的时候，他的表现是嘶喊。如果刚开始只是流泪没有声音，说明孩子的压抑甚至到现在来自家庭的压抑还在继续。只是由于参加我们的课程，他有了这件欲望，但是这件欲望还比较微弱。如果孩子又掉眼泪又哭喊，这个时候说明家里的压力相对小了，或者是他已经在冲破家庭的压力了。但是如果家庭压力加大了的话，过两天他还会重新“平静”下来。这是给家庭的一个信号，说明教养方式需要进行调整了，急需放开了。

家长对孩子的“哭”，理解上存在误区。他们看了书上说：“我不理他，他就不哭了。”你不理他了，他确实就不哭了，但是他会觉得家长不重视他的情绪，感觉他是不重要的，他内心会受到伤害。那到底要怎样对待孩子的哭才正确呢？与“不理他”恰恰相反，我们的老师要高度重视每一个孩子的情绪“爆点”，因为“开闸”意味着孩子又有了新的起点。你会发现，我们越重视孩子，他反而哭得越来劲。相反，如果冷漠对待，可能还真能让他压抑着平静几天，等他的那种倾泻的欲望再次上升的时候，他又开始哭，这个时候“出暴力”的可能性也会比前一次更晚一些。所以，我们劝家长也要像老师一样，不要让孩子压抑着，否则他会断断续续地发泄，反倒不如一鼓作气地发泄。这样对孩子来说，会避免康复周期拉长，是一种更有效率的做法。发泄的时候力度大一些，就像河水冲力大的时候会带下来更多的沉渣、泥土一样，效果会更好。

Q 问题 82

孩子一直讲话，每次问的问题都一样，这是为什么？

其实这是孩子有些紧张、刻板的表现。比如他在家里受到的压力比较大，家长是比较追求完美的，包括孩子穿的衣服一尘不染，非常规整。对此，我们一边给孩子上课，还要一边去改变家长，虽然家长已经改变得相对好了，但还是不完全符合孩子健康成长的心理需要。目前家长反映，孩子在学校表现得非常好，在班里每次交作业都是第一个，而且分数是最高的，是第一名。在班里同学关系也非常好，有很多的好朋友，还有同学给他写感谢信，老师还在全班念那些给他的感谢信。这说明这个孩子从原来自闭的状态，现在变得情商已经达到能够被班上大部分同学所接受和欢迎的程度。即使这样，我们还要劝说家长对孩子继续宽松一些，让孩子能够开心快乐地成长。

孩子刚来时候的状态是，没有眼神，只有简单的语言，如爸爸、妈妈、吃、喝等。因为他的口齿不清楚，他说的话别人听不清，他不愿意说话，也不愿意思考，不愿意跟外界交流，上不了幼儿园。幼儿园老师让家长带着孩子去看病，孩子被医生诊断为孤独症（及谱系），赶紧到我们这里来接受教育转化。现在来看，他的转化算是效果非常好、比较快的。

这个孩子也有从大声嘶叫到出现暴力再到哭这样的过程。当时孩子哭闹的时候，家长的第一反应是："这还得了，必须对他实施非常严格的矫正，可不能惯出这样的坏毛病。"我就跟家长讲，您现在不让他哭，制止他哭，之后他是伤心的、抽泣的，但是他会噎在心里。回去观察一下，如果让他自然地释放出来，让他哭，然后帮他找原因理解他。即使找不到原因，但是有找原因的这个过程、这个表现，孩子就能够理解到"爸爸妈妈是想帮助我的，只不过我自己还想哭，因为我有对过往忧伤的哭的感觉"，这是一种情绪向外倾倒的很强烈的愿望。孩子在家长呵护下哭完之后是开心的。后来家长也发现了，孩子哭完之后脸色红润，面带笑容。很多家长反馈，孩子哭完的脸色不一样了，开心了，最主要是跟妈妈的亲昵感提升了。当孩子把压在心里的沉重负担倒出来以后，他感到轻松了很多，这叫作"轻装上阵"。后来家长们也发现了，都非常赞同。

Q 问题 83

有的孩子喜欢玩口水、玩鼻屎是为什么？

先说第一个问题，孩子为什么喜欢玩口水。

孩子玩口水其实跟“肛欲期”是类似的，口水是他自己的产物，鼻屎也是他的产物。他可以把口水沾到手上，还可以把嘴里的黏痰类的东西抹到脸上。一个孩子刚来那会儿，由于他把口水抹到自己满脸，弄得脸都烂了。从鼻子里挖出的鼻屎又舔在嘴里，就这样来回玩。他觉得“这是我自己的产物，我有自己的物权，我想把它们怎样就怎样，况且尝在嘴里还有些自己的味道。你们不能干涉我，如果干涉我就是侵犯我的权利”。老师或家长如果在这方面去干预他，他就会觉得受到了侵犯，最核心的是自己的物权受到侵犯。在这种情况下，老师不要急于去纠正他，要试图去理解他这种连他自己都觉得不正常的行为。在我们每天的课程里，老师跟他的互动带动他的心理释放，随后就是感觉的打开，兴趣、语言和欲望的扩展，前庭觉的发育，他的行为模式发生变化，随着认知程度继续提升，特别是物权意识的建立，这些习惯还真的就逐渐消失了。事实证明，随着孩子认知的提升，自信心发生了改变，这些习惯就没有存在的价值，就逐渐消失了。后来孩子不把口水抹脸上了，脸上不会滋生很多细菌，就恢复到正常白皙的皮肤状态了。

所以，在孩子建立物权意识这个阶段，老师和家长一定要尽量满足他的需求，他指哪儿就给他拿哪儿。同时在给孩子拿的时候，不要悄没声儿地拿，也不要动作太过迅速，而是要稍微缓慢地与他确认，目的是要“勾”起他对需求的表达欲望。比如他一指着水果玩具，老师就马上对他说：“你要拿水果玩具呀？老师给你拿来啊。”当拿过来之后，老师还要亲切地对孩子说“水果来了”，让他加深对重点词“水果”的印象，下一次很有可能他就会指着水果玩具说出“水果”了！当孩子走着走着就站在蹦床前停下来时，老师要马上捕捉到信息：“宝贝是想上蹦床玩吗？老师给你打开啊。”而且是边说边打开，不要让他等得太着急了，以防孩子以为老师不喜欢他玩蹦床。以此类推，老师要根据孩子想要的东西、想做的动作，把重点词重复一两遍，给以配合和支持。他指着实物就练习着说“开”，然后慢慢他就会说“蹦床”或某个名词。老师要为他鼓掌，鼓励他的进步。这样做的目的是，把他的欲望及时地和实物和动作词汇联系在一起，促使他的思维跟上，促进他的话语跟上，他就逐渐开始有词汇表达了。真正的社交语言都是在使用中习得的。

Q 问题 84

有的孩子喜欢关灯，不喜欢屋里开灯，这是为什么？

其实孩子还是一种被包裹的心理，不愿意被打开，心里缺乏阳光。因为他们对漆黑有偏爱，他们认为能看见的东西对他们都有威胁。他们不仅怕光，就算是太阳，如果能“关掉”的话，他们恨不得把太阳也关上。因为妈妈就把他们包裹得不见太阳，使他们对光有恐惧感。所以他们这种表现跟妈妈的行为也有一些关系。

长期生活在被家长造成的这样的环境中，虽然这个环境对他在生理上和心理上有很大压抑，但他慢慢习惯了。对习惯的东西，不管是好还是不好，他也愿意躲在这个习惯里面，很难有勇气走出这个习惯，因为不自信。必须有外力的帮助，他才能走出来。如果有其他孩子处于“向光期”，就是特别喜欢光的阶段，他们经常就会在这方面起争执，导致其他孩子开灯，他站在那里关灯。老师就只能把其他孩子引到有光的房间去。如果这两个孩子执意要斗出个结果，老师会在旁边引导他们，对每一个孩子都不强迫，因为他们在斗的过程当中，也是智慧的碰撞。

Q 问题 85

孩子为什么一刻不离地抱着一个兔子抱枕？

这是因为孩子极度缺乏安全感，因此会有极度恋物的表现！一个孩子刚来的时候自闭程度比较严重，头型也是凹坑比较多，头围也相对很小，即大脑的发育存在严重不足。他刚来的时候没有对视，没有交流，没有语言，看不出来他有什么想法。经过了解，孩子曾在行为强化干预机构训练了很长时间，还扎过针，家长带着孩子做了很多孩子自己不愿意的事情。他非常依恋一个枕头，是一个兔子形状的抱枕。据妈妈说，孩子长年累月地拿着揪着兔子抱枕，上课也揪着抱枕来，三个小时的课一直揪着，课上完了以后再揪着回去，对兔子抱枕达到相当严重的依恋程度。家长不让他拿，但是越不让他拿他就越想拿。我告诉家长，等孩子在我们的课程当中建立了安全感，他会自己丢掉这个东西。

他妈妈问我，为什么他特别依恋这个兔子枕头。可能这个兔子枕头是他幼小时候抱着睡觉的物品，曾经让他获得一些安全的感觉，就像在汪洋大海中抓住了一根稻草一样，成为他心理上的一个同伴或者依靠。这种孩子一般都出自高知家庭，孩子生下来就用闪卡这些东西训练眼神，同时可能对他各方面也有要求，尽管家长认为不是要求。孩子刚开始表现的还能跟上家长的要求，但是后来终于跟不上水涨船高的要求，最后开始封闭。孩子觉得大人不会考虑他的感受，只有这个兔子抱枕是能够随时陪伴着他的，而且“我想把它怎么着就怎么着，想怎么拿它撒气都行”，所以兔子抱枕能给他一丝丝安全感，在这个时候，不要强行拿掉他的抱枕。家长担心这样会使他形成恶性循环。我对家长说：“你不要关心枕头，时候到了他就扔掉了。”

突然有一天，孩子在上课的时候，有那么几分钟他没拿枕头，后来又回去找枕头。这个信号太好了，老师很开心，然后告诉他妈妈，他妈妈激动得当时就流泪了。这几分钟，他忘掉了枕头，事情变化不在于忘掉本身，而在于他对枕头的这种依赖在慢慢降低、消减，慢慢淡化。后来这个孩子的心理逐渐开始出现变化。大约过了三个多月，孩子不带枕头来上课了。起初是出门的时候他忘了把枕头带上，后来永远丢掉了枕头。

现在，他要撕东西，拍球。他拍的不是普通的球，是拍我们这儿的海洋球——一种直径比较小，厚薄、质量都有变化的像橙子一样大小的塑料球。这个孩子在吃东西和拍海洋球方面，其实还是体现出他的兴趣相对狭窄，但是比过去好了。过去除了对兔子抱枕以外，什么兴趣都没有，对外界他是封闭的，他的一切注意都在枕头上。现在他开始撕东西，见了好撕的纸类就撕，然后能撕掉的玩具也努力撕，我们撕不掉的一些塑料东西他也能撕掉，他会研究哪个地方是薄弱点，他能够找到那个薄弱点，去把它掰掉、撕掉。现在对于他想达到目的的这些细节的研究，他是非常聪明、非常关注的，他能找到关键的地方。其实撕东西、破坏东西也是一种内在负面情绪的发泄，只不过他还不敢用正常的哭闹、跳、打骂来发泄，他就用撕东西、破坏东西来发泄。这说明他内在的东西想往外冒，但是还不敢往外冒，不敢往外发泄的原因是酝酿的力量还不够。

然后他就击打海洋球。他把海洋球放在球池边上往外打，边打边观察边瞄准，他在思考：往哪个角度打？能打到什么程度？能打多远？打出去是什么样的抛物线？不同的颜色打出去是什么样的景象？是什么样的声音？不同重量的海洋球，有厚的、薄的、大的、小的，他都去研究、去看，然后打到对面墙上，看打了有多远，抛物线是什么样子，他在观察。不是说打完就跟他没关系了，而是在观察。他经常会在某一个球出现完美的抛物线时，激动地跳高，又跳又笑很开心。

Q 问题 86

孩子经常会窜到老师办公室坐在沙发上是什么原因？

这个孩子相对刚来时，现在的表达也还不错了，上升得比较好，接近正常了。他刚来的时候，比前面那个抱兔子抱枕的孩子情况还要严重。他的头上有很多凹坑，我把它叫菠萝型头，或者是蜂窝煤头，有很多碎凹坑，这种头型的孩子恢复起来就明显比较慢。孩子刚来的时候没有语言，没有眼神，无欲无求。现在，他表达得也不错了，反应特别快，你才说半句，他就开始回答你，他知道你后半句是什么。他的发音很准确，语速也特别快。进步到接近毕业的孩子都喜欢到我办公室去，甚至到我的椅子上坐一坐，沙发上坐一坐，这其实是一种对向上的向往，他觉得办公室是老师的，你又是级别最高的老师，这是对权威的一种向往或者一种体验。其实对权威的向往和体验都会带给他自信，今天体验一点，明天再积累一点，后天再积累一点……我到了你们的办公室，你们对我没有恶意，他在不断地体验和积累。

Q 问题 87

孩子刚进教室时非常慌忙和焦虑，这是什么原因？

有的孩子经过了传统的、强行的干预训练，那种“干预”给他们留下了“烙印”。有的孩子，每天晚上家里还安排一个干预训练师给他训练，所以他虽然来我们这儿了，但是很不容易进入“自然回归的通道”，他老是被干扰，被拉着往外拽。

所以，孩子刚来的时候不容易进入课堂的这种氛围，也不容易进入那种把他自己融入进去的状态。要上一会儿课，他才慢慢平息下来，进入状态。但是他心里却想着回去还要面对那个训练师，面对另外一套他从心理上不喜欢的东西。既然这样，家长为什么还要坚持晚上给孩子强化干预训练呢？可能家长是这样想的：在这边只是玩了，效果就这么好，回家再进一步干预训练，不是会变好得“更快”吗？

虽然我们“潜能自然回归法”的“回归通道”是难得的、成功的教育转化孤独症儿童的系列方法，并且对长期有刻板行为的孤独症孩子起到了“松土”的作用，但是再加码的“专业干预训练”抵消了我们的努力，这令人感到很无奈。我们的方式是润物细无声，慢慢打开孩子自闭的心扉，并且为后续发展打下良好的基础；而有些方法几乎都是强化服从，甚至把在我们这里刚刚松了的土，再一次次地踩实。

家长可能会担心，不强行干预孩子，他不听话怎么办？我也对家长的担心表示了理解。但我还要问，你们家长是想要一个“听话”的孩子，还是想要一个有独立思维、自主行为的孩子？当孩子有独立思维了，自己能够听话和守规则了，而不是被迫“听话”，他将成为一个有独立人格的人，而不是一个没有思想的被驯服的“动物”。有的家长终于明白了。

Q 问题 88

孩子白天在这里上课，晚上家里又给他做强行干预，他的发展趋势会不会扭曲？

孩子肯定会有些扭曲，在这边上课，他至少能够有一个向上的力，但是这种力度被消减、抵消了很多。我们跟他的家长讲了这个问题，希望他们意识到这种危害。但孩子的奶奶是个有名高校的研究生，既理智又固执，她想“快马加鞭”的思想不太容易被转变。

像这样请老师到家里进行私教的话，费用很高。即便费用再高，家庭也不吝惜这个钱，因为家长以为对孩子会有帮助。其实不仅没有帮助，还做相反的功。其他家长劝她也不听。孩子奶奶觉得别的家长可能不了解她家的实际情况，或者她从心里觉得别人没有她认识深刻。每个人都可能会觉得自己的认识高过其他人，因为每个人都有自己的一套成功经验和逻辑。

这个孩子是奶奶带着的，他的父母从来没来过，家庭氛围比较怪。孩子也从来不提父母，基本上在孩子身上，父母的影响非常小。

Q 问题 89

当孩子不愿意自己尝试时，除了引导辅助，还有其他方法吗？

应当没有。只有当孩子自己探索的欲望上来了，他才会自己去尝试。比如蹦床，如果你让他跳，天天逼着他跳，那就像强行的行为干预训练的那种效果一样，他们花三年才终于“学会”跳了。

一个孩子刚来的时候，家长说：“贺老师，我们孩子的大运动特别好，我们训练了两三年，终于会双脚跳了，我们孩子肯定比别的孩子强。”结果一看，别的孩子双脚跳时腿先弯曲，然后助力往上跳，他的孩子像根棍一样直冲冲地往上跳。我让他妈妈观察了几天，第三天孩子就会蜷腿跳了，我们的三天超过三年的感统，他妈妈点头承认了。你要是强迫跳，孩子虽然会跳了，但他是直愣愣地往上冲，然后像砸地一样把自己砸在地上。

总体来说，“感觉”加上“统合”才叫“感统训练”。而“感觉”往往见效于动作“模仿”，但是模仿只是在大脑的“缓存区”中建立的一个“短时记忆”单元。除非不断地重复，它能够保持的时间在几十秒到几天之间。

而“统合”包括对信息的编码、存储、调用、迭代、对肢体发出指令、对行为结果进行反馈，再重新带入迭代、反复进行等，这一系列的信息和记忆，会在大脑中的若干脑区形成分布，再通过神经网络连接，同步活跃发生作用。所以它是“长时记忆”，甚至是“永久记忆”。顾名思义，要形成长时记忆，就不是三两天可以完成的事。

回过来再看，孩子会跳了，轻声落地，他是弹跳的。一定要陪伴孩子，引导他对周围的事情感兴趣，而且要抓住孩子的特点，特别是男孩子对力量型的活动天生感兴趣，如果他没有表现出这种天生的感兴趣，说明他受了压抑。对这样的孩子，还是要去做工作，让家长减轻对他的压抑。我们不是要让家长做什么，我们是要让家长不做什么，减轻孩子的负担，不要让孩子负重前行。任何有效的方法，就是先解决孩子的心理负担。

Q 问题 90

为什么很多孩子喜欢憋尿、憋屎？

在上课的三小时内，孩子憋尿跟肛欲期有一定的关系。尿和屎是他自己的产物，他不想让它们流出来，否则他就没有物权了。他是想把尿憋在里面的，憋着憋着尿出来了，所以容易尿裤子。但是也有一种情况，憋着干坏事，那就说明上升到更高的水平了。憋着干什么坏事呢？

他在旮旯儿里尿，让你既不会发现他尿在裤子上了，同时还能感受尿的温热感，这种温热感会让他很舒服，很有安全感，甚至会联想起在子宫里的那种温暖感。但是一旦凉了之后，他会不舒服，这个时候他才让你换裤子。一般情况下，他尿时不让你发现，温热感过了才让你换裤子。

有的家长想改变孩子尿裤子的行为，尤其他是有意犯坏的这种尿裤子的行为，能不能推迟给他换，让他穿着凉裤子难受一会儿呢？

这要看什么阶段。如果他犯坏成了习惯，可以采用这种应对做法。但是如果前期就那样的话，会把他犯坏的这种行为压回去，也就是他根本没机会犯坏。犯坏的行为，其实是他主动思考过的，能有这样的行为说明他的头脑思考能力提高，其实是他的思维在往外拓展。但是这时要求他干一件能够达到家长要求的正确事情，对他来说难度太高了。在他自知还达不到的时候，他就会用干坏事来拓展自己的思维。换句话说，当他想干好的事情时，他的能力还达不到，再者他（的认知图式）也不知道怎样能把一件事情完满地干好，他就用自己最熟悉的干坏事的已有认知图式进行提升，应该说，他犯坏的行为会越来越复杂。

最初是在不应该的地方把尿一次尿完；后来就能做到在课上不尿，回家以后把尿一次一次都尿到床上去。他绝对不是到了床上以后憋不住了，他是经过精心的考虑，而且把路上时间都算好了，一路上他就憋着不尿，然后往床上尿的时候他也有他的思维。一是往床上尿暂时不会那么明显，不会突然尿一大摊，他采取“羊拉屎”的方式一会儿尿一点，分几次尿完。这样做，家长发现的可能性小。二是家长发现他尿到床上之后，又晒又洗，为他干更多的事情，他有一种欲望——享受被别人关注的欲望实现了。三是他把尿尿到沙发缝里，让家长不能马上发现，当家长终于闻到味了再去找，最后找到了沙发这里，他觉得自己聪明——他这一小泡尿把家长支使得团团转，他有成就感了。如果这个时候家长责备他，对他不耐烦，他就会收敛自己一点、压抑一点，但是这种压抑还是抵挡不了他想变着法儿拓展自己思维的欲望，因此过几天，当他不尿、家长不说他，他反倒又开始尿了。家长后来认同了我的观点，不要压抑他，压抑他反而会使这样的事断断续续地发生，使康复周期拉得更长，不如让他自己想怎样做就怎样做，做得多了，当他对自己的行为和体验确认完全得到掌控了以后，他觉得没有意思了，再做太无聊了，他自己就不这样做了。

但是如果家长不让孩子这样做，孩子永远觉得这个太好玩了，他还没有完成。后来家长反映的情况，证明孩子也完全是这样发展的。

Q 问题 91

孩子喜欢抱住老师的脚往下钻是因为什么？

这类行为都是怪异行为。一般情况下，从强行行为干预训练过来的孩子容易出现，或者虽然没有参加过强行行为干预，但是家长学了很多强行行为干预的方式，孩子也容易出现这种现象。这种怪异行为还包括舔脚，孩子把老师的袜子脱了舔，老师只好或跑或躲，甚至经常有个别老师不敢见这个孩子。孩子喜欢老师，可能老师的味道像妈妈或者接近妈妈，但是他又不敢把这个行为在妈妈那里表现，他就会找一个替代角色的老师来完成。

孩子在妈妈那里碰过钉子，但是老师会迁就他，这个孩子就抓住老师，作为他发泄的一个对象，或者作为他探索的一个目标。因为在长期接触中，孩子感到老师会比较理解他，他就认为老师也会理解他这个行为，所以他就追逐老师。孩子还是有选择的，他不是追逐任意一个老师。

孩子为什么要舔老师的脚？其实他可能想舔妈妈的脚，在这一点上，他们的味觉是不正常的，口味比较重。想舔妈妈的脚没舔着，也不敢舔，那就找到一个跟妈妈有点类似的老师来舔。他就想找一个替代角色来完成他一直想进行的一个行为。

这样的行为可以看成被压抑造成的。被强行压抑的时间越长久，压抑越严重，这种行为的持续时间就越长。有的可能会持续一两个月，或者持续两三个月。但是那种压抑时间不是特别长的孩子，随着我们课程对他的提升，他逐渐就会厘清老师是老师，妈妈是妈妈。而且妈妈也允许他去舔一下脚，释放压抑。其实找个替代物并不是他的目的，他还是希望在家里完成这个情感心结。这件事情就会过去了。

Q 问题 92

孩子对舔脚有羞怯感吗？

孩子舔脚刚开始的时候是没有不好意思或者害羞的。他会很疯狂地想去舔，老远就伸着舌头，会追着去舔。这种怪异行为来自他的心理障碍，心理障碍来自高强度的心理压力，这种心理压力是家长或者曾经强行干预训练的老师无形当中给他的。

老师和家长说他，你必须学这个，必须不玩那个。孩子就认为“你们跟我对着干”，心理扭曲了，他就想找点其他刺激性的东西，有的是吃自己大便，有的是喝自己尿，有的是舔妈妈脚，家长管得太严了，他会长期压抑。但是在某一次机会，家长不注意的时候，他照样尝大便、照样喝尿舔尿，只不过他更小心防备家长。但是如果家长索性不太过严苛，让他尝，他知道这些东西是什么味了，他也就过去了。

虽说不是每个孩子都要去尝这些东西，但是如果他非得尝，因尝不成而阻碍了他心理的发展，成为他的心理障碍的时候（有的家长看了可能会觉得这是谬论），其实你就不妨让他尝一尝。有极个别的孩子，你没看住他就尝了。在不会有严重后果、不可挽回的情况下，应该让孩子尝试他的欲望。孩子的每一种欲望都是出自他生理最本质的原因，不让他尝试一下，就等于在压抑他，应该利用这些机会让他的压抑释放一下。

在过去的年代，家长干活的时候一眼看不住孩子，孩子也可能偷尝不该吃的东西。那个时候没有这么多的问题行为儿童，现在家长看得太紧了，反而问题行为出现了。看得太紧，孩子容易出问题，他没有空间也不能够去完成他的好奇探索和奇思妙想，他想要的信息刺激没有得到满足。当然，问题行为儿童的产生和蔓延，绝不只是这一个原因造成的。

Q 问题 93

孩子的类倒时差期需要多久才能过去？为什么有些孩子倒了一年还没倒过来？

这个时间是最难估计的，为什么？就像吃药一样，有的人吃降压药，问大夫哪一天血压能够降下来，大夫说因人而异。

我跟家长讲，时间上不能保证 3 天倒完、8 天倒完、10 天倒完。一般情况下，孩子倒得差不多了，他的认知情感在明显提升时，孩子每天都有新变化的时候，对于他来说，类倒时差期就基本上倒得差不多了。

什么时候叫倒完了，它是有规律的。孩子晚上不睡，家长老让他白天补觉，其实家长的操作有问题。如果家长不进行错误操作，大部分孩子倒完时差就正常了，但是有少部分孩子就是倒不完，家长老让他白天补觉，结果他就成了白天睡，晚上不睡了。

凡是这种倒时差有规律了，就叫睡反了。孩子白天困，他想睡，家长看着孩子自已慢慢睡着了或者马上要睡着了，把孩子弄醒，然后让他晚上睡。结果白天孩子想睡睡不成，因为他有一个沉睡期，这个时候他是在修复大脑，以前没有发育完善的没有启动的部分脑区，他正好在这个时候要沉睡修复，这是恢复大脑平衡发育的重要时期。这个时候，你不能把他弄醒，应该顺其自然，白天不让他睡，让他晚上睡，结果到了晚上他还是不睡。家长担心的是孩子天天不睡怎么办？但是他看不见的是孩子大脑发育不平衡的修复机会没有了。始终这么拖下去，会加剧孩子的刻板行为和紊乱。

白天孩子不睡或者不想睡，家长觉得孩子缺觉让他补觉，一切做法都是跟孩子反着来的。所以孩子后来就容易睡反了，有的一年都倒不过来。这一期间我们不叫倒时差，叫类倒时差期。简单又正确的做法是，就由他睡，什么时候困了就睡，什么时候醒了就让他折腾。

往往这些孩子的家长特别关注孩子的每一个细节。比如，头天晚上孩子睡得少了，家长觉得这一天没有达到 8 小时，就开始哄觉。从半夜就开始哄，直哄到第二天。其实每个孩子都有缺觉、不吃饭的时候，家长要放心，孩子不会有大问题。他饿了想吃点零食，就给他零食，他困了想睡就让他睡。在家里，各位家长对孩子的培养教育方向可能存在不同看法，甚至意见是相反的，这时就听老师的嘱咐，只要一个人说了算，不要每个人都参与意见。企业管理是这样，家庭教育孩子也是一个道理。有句话叫“木匠多了盖歪房”，就是这个道理。

在这样错综的环境下，小孩子从小就在对各个人察言观色，体会各种关系，他在观察中发现，不管怎样，他左右不了任何人，也满足不了所有人，也没有人把他的感受当回事。后来他就开始麻木，不观察大人，把自己封闭起来，不接收外界任何信息了。

一个孩子刚来的时候，面部没有表情，现在开始有一些表情了。孩子没有表情是因为他的任何表情没有用，他的表情反而还会招来是非。这样的孩子都很木讷，就是因为总是在意见不一致的环境中，孩子无所适从。

关键点在于孩子的妈妈，因为正常情况下，孩子首先是对妈妈建立依恋的。只要妈妈承担起教育孩子的责任，又能顶住其他人的干扰意见，应该放手让妈妈自主遵从老师的意见去做。现在妈妈在老师的指导下，和家庭过去的传统做法有所不同。

我们欣喜地看到，在妈妈的管理下，孩子有进步了，虽然当下进步还没有那么快，但是自从跟随妈妈的方法和教育原则以后，进步就明显了。现在孩子有表情出来，然后也会冒出“话”了。孩子现在还在类倒时差期，他以前就没有倒通畅，一到了白天就让他补觉，一补觉就不来上课，一不上课类倒差期就会拉长，弄得像温暾水一样。

刚来上课的时候，孩子是慢慢吞吞的，对外界没有什么感受，也没有任何表情，没有什么眼神。自从妈妈接手了以后，最近开始相对明显进入类倒时差期了，他现在眼神非常好了，在教室里也有语言了，然后还有动作，大运动也上来了，有时会和比他大的孩子一起在蹦床上跳，这个对前庭觉——身体平衡能力的要求就比较高了。主题课也能够跟着做了，主动性上来了，参与度高了。他也喜欢玩蹦床，但是他会观察谁要上来跟自己一起玩，胆怯心理还是很明显的，但慢慢在向好的方面发生变化。最近他开始自我膨胀了，还要爬大滚筒——我把它叫作时光隧道，是电动的，慢慢转的那种。这样的器械要求孩子有很好的感统功能，身体和对外界的反应要有较高的协调能力，才能驾驭。孩子在现阶段就想尝试，这是一件好事。

Q 问题 94

剖宫产的孩子在婴幼儿期为什么显得很聪明，往往后来又出现了“退化”现象？

我们这里有一个器械叫“大滚筒”。它模拟的就是胎儿出生时经过母亲产道那种无力又挣扎的感觉。为什么自然生产的孩子以后各方面的能力比较均衡，因为他要适应出生时有限的条件，与产道的收缩和推进要顺应，要自己拼尽全力地挣扎，不顺应、不挣扎他就出不来，他就憋得慌。

孩子的自然生产过程，其实是对他最初五官六觉的一种锻炼、一个“奠基礼”。如果能顺利生下来的话，他的五官发育就在一个更好的平台或者更好的起点上了。

剖宫产的孩子没有经过这一过程，其实失去了人生的这个机会，他的五官发育上天生就比这些顺产的孩子低一个层次，相应的脑区之间缺少协调的网络连接的最初激发，其中一些孩子的大脑发育失衡的风险会更大一些，完善平衡发育的路程会更长一些。顺产最大的难度是头，头部经过产道的收缩，对头部有节奏的挤压，应该是促进大脑平衡发育最好的唤醒和按摩。这使他的大脑神经网络有序化发育，是他以后生理发育有序化的开始。

而剖宫产的孩子没有经过产道的挤压，他的出生是无序的，直接被取出来，他的由遗传制定的生理发育顺序没有被强烈的刺激而清晰地唤醒，半岁以后走出原始发育期的进一步发育顺序，因为没有“天然屏障”的保护阻隔，就容易受到干扰。一些在常人看来的“聪明”并不是支持其生理发育的基本功能，而往往是某些超前发育、哗众取宠的功能。所以他们自幼既显得非常聪明，又存在非常大的成为孤独症的风险！剖宫产的孩子前期一般都显得非常聪明！

当孩子顺产时，这是他的主观努力和客观环境的一次最好的结合，他必须符合客观的要求才能被生出来。但是剖宫产的孩子没有这个结合过程，他生出来以后如果对哪方面的信息刺激有兴趣，相应的脑区就被激活，那一方面的能力自然就出来了。

其实这个过程是不完全符合他的生理发育的正常顺序。或者说剖宫产的孩子天生就存在无序化风险。当然，孩子还是有遗传基因设计好的原始发育顺序，但是能够保证“执行”原始顺序的外在条件——天然屏障没有完全建立起来。各种功能遇到适当的环境被激活，都有可能无序化地往外冒。所以孩子刚生下来，大概半岁以后，就逐渐显得特别聪明，家长容易形成误区，对孩子过度开发——提前早教了。比如，对他一说什么他就懂了，教他什么他就会了，然后家长就不断教新东西。这样就会让孩子的脑区过度、无序地发育和发展，结果弱项更弱，强项更强。

但是根据木桶理论——短板原理，最终决定孩子在社会立足的还是短板，而不是最长的板。这些孩子的短板往往是人际关系，需要语言表达能力，因为更高级的社交功能，往往是在孩子处在一种内在平衡的状况下，才有可能发展出来。但是有的剖宫产的孩子失去了这种平衡发育的机会。

Q 问题 95

“潜能自然回归法”是调动哪种力才逐渐使孩子的刻板行为发生了改变？

我们认为孩子做出的刻板行为，表面看上去是重复的无意义的动作，其实很多情况下，孩子是处于无聊的、急于表达某种意图、不情愿改变当前状态的时候。刻板行为可能含有某些特殊的意涵或者作用，目前还不知道。孩子的认知还没有打开，思维还没有连贯性，这个时候他对任何事物的看法都非常表浅，不能深入去思考，因此兴趣狭窄，思维漂浮变化，而且无法与他人交流。孩子意识不能集中关注，容易出现无意义的刻板行为。“潜能自然回归法”主要是借助人体自身存在的一个自我检测机制，即自检、自测、自愈的特有功能。牵引、启动这个机制的动力源泉在于激发扩展孩子的“兴趣”。每个孩子的成长经历不一样，“卡点”也不一样，出问题的表面形式也不完全一样。把自我检测机制激发启动了，把孩子这方面潜在的能力激发出来了，那么他们逐渐都能够接近正常，回归到正常。

每个孩子表现的刻板行为都不完全一样，不论他们是什么样的刻板行为，我们并不是专门去硬碰硬地纠正他们的某种刻板行为。我们的老师总是无微不至地去陪伴孩子，解读孩子的内心需求，孩子被给以恰当的满足和鼓励，逐渐他的刻板行为减少了、淡化了，最后几乎没有了。即便偶尔有那么一两下，只要达到一个相对正常的范围就可以了。可以观察到，此时孩子的

“意识关注力”在提高，也就是刻板行为正在被有意识的行为逐渐代替。

孩子应该是对周围的事物感兴趣了，兴趣前奏的基础是打开认知，对外面开始关注，然后逐渐产生兴趣。其实关注和兴趣都是人的本能，只不过他的本能发生了障碍，所以对外界是一种封闭状态。即使他天天睁着眼睛，耳朵也在听，听力没有问题，但过去他是不关注的。

“兴趣”是这个问题的关键。兴趣是人与生俱来的。孩子天生的兴趣萌芽，只要不被压抑，就会逐渐对周围的事物感兴趣。所以在激发兴趣之前，先要“搬掉”阻碍兴趣的一切障碍！我们老师就是要在“先跟后带”的过程当中，帮助孩子拓展兴趣，一定要把情感润物细无声地浇灌进孩子封闭的心灵中。这往往对老师的课堂经验要求非常高！

Q 问题 96

孩子长期玩蹦床，或经常趴在地上，这些会不会又形成新的刻板习惯？

这个问题提得非常好，很多家长特别是从强化干预训练那边过来的家长，更容易提出这样的问题。

其实，如果我们要用新的方式去代替孩子现在爬的状态或者跳蹦床的状态，就有可能影响他们正在打开的认知，以及正在激发出来的各方面的身体潜能，进步的速度可能会减缓下来，因为孩子会觉得他们被控制了，他们会感到不爽而抵触。他们有可能暂时再缩回他们心灵的小黑房子里面，重新观察外面是否安全。

所以这个时候我们恰恰不要去左右孩子，不要怕他们形成新的刻板习惯。那种来自无意义的重复的动作，我们把它叫作刻板动作。刻板首先来自他的无聊，还有一种有点失态、狰狞的刻板行为，他的面目跟平常是不一样的，面部表情是紧张的，有的是眼睛往上翻的，有的是嘴咧着的——就是那种不受自己控制的面部表情。这些说明他们有大脑异常放电的现象。可能更多的是我们家长曾经过于刻意去纠正他们的刻板，让他们又想控制自己，但又控制不了这种刻板动作，导致那种内心的矛盾冲突造成过度的紧张焦虑。有时候这种刻板行为会让孩子暂时觉得稍微缓解一下紧张焦虑。但是一旦启动，往往又陷入更加紧张和焦虑之中。

跳蹦床也好，趴在地上也好，家长没有必要担心，这些都是孩子在完善不同方面的能力。这一期对孩子是有很大帮助的。趴在地上，正好完善“泥鳅期”，他们在完善身体与大地接触，以及大地挤压不同的角度，不同的姿势，对他们身体就是触碰，当他们的身体压着地面，地面也会反作用力给他。还有的孩子走着走着一下子跪下去，借助身体的冲击力向前滑出一段距离，感受地面对腿的挤压和冲击。有的家长会担心，别把膝盖跪坏了。很神奇的是，没有一个孩子把膝盖跪坏的。据家长反映，孩子以前走着平路腿发软摔了跟头，后来膝盖更有劲，跳蹦床跳得就会更高，而且越来越高。

孩子不会一辈子跳蹦床。为什么？因为跳蹦床是开发他的身体潜能，比如他的前庭觉，他的小脑以及身体各部位的协调性，也就是本体觉的完善。我对“本体觉”这个词非常赞成。这个概念揭示了孩子对整个身体的支配控制，以及他对事物的认知都会有提升。这不光是对身体的改变，对他今后发展对事物的处理能力和他的行动力，都是有直接帮助的。

现在，孩子到了喜欢跳蹦床，而且是喜欢和其他小朋友一起跳的时候，不但刻意完善前庭觉和本体觉，并且已经到了一个比较高级的阶段，这时前面两个基本需求的推动作用就很小了，可能第三个层次的需求，即人际交往“归属需求”占上风了。在让孩子感觉到自我存在和周围存在的时候，还要让他感觉到周围人的存在，他和人有交往以后，人的交往就会促进他学习调整他们之间的相互关系。因此，用别的游戏方式转移注意，可能会打断孩子此时感兴趣的游戏活动，是一种错误的方式。

Q 问题 97

孩子跟其他孩子不太一样，他的认知没有问题，但为什么去上学却不被接受呢？

有一个孩子刚来的时候，学什么东西都不会，也不学，不参与大运动，对玩具也不感兴趣。他总是研究老师，还研究旁边的同学，用嘴巴评判了这个再评判那个（“准孤独症”成人身上也会有的一个习惯，就是用“严苛”的标准去挑别人的毛病，他们对自己也是严苛的），动嘴不动手。因此，这个孩子刚去上学就被老师发现而劝退了。

那我们的老师该怎么办？当然仍然要坚持“先跟后带”的原则。“跟”的是什么，可以跟着他的一个观点，或者站在他的角度，陪伴他去多渠道思考、看待某一个问题，让他感觉到老师对他的理解。后面这个孩子没有那么纠结于张三李四怎么样了，突然有一天他也开始趴地上玩，进入“泥鳅期”了。

孩子姥姥很不理解：“为什么我们家孩子也趴地上了？我一直非常注意纠正他的坏毛病，本来坏毛病就多，才到这儿来的。来后怎么反而又增加了一个坏毛病？”我却很高兴地告诉她，这不是又增加了坏毛病，而是我们的课程在调动他的潜在能力，他需要“自然回归”，所以与地面亲近了。

其实，人类本来就是从土地里爬出来的，孩子其实是在复演人类进化，所以这两天他不是在地上就是在沙发上趴着，以各种姿势躺着。这说明他又成长了一块儿，不是过去那种蜷缩一团紧张焦虑的状态了，他是完全放松的，趴在地上或躺在地上和老师一起交流。

他开始把那些导致他产生社交焦虑的根源性的东西，还有那些沉怨已久、压抑的、原始的东西倒出来。他需要重新去找到他的回归原点。当然他不可能一下就“回溯”到2岁、1岁半，但是他要是有这样沉积的点的话，他就能随时把它倒出来。他们不是统一地都齐刷刷地回溯到多少个月，而是自我检测到哪里出现卡点，就回溯到哪里，一点一点把那些卡点找出来，最后回到最初的卡点倾倒以后，再自我检测把那个地方重新完善发育一遍。我们把它叫“原始点”的自我疗愈，重塑自我。认知心理学认为，我们虽然不能改变早期发生的事件，但我们能够改变对那个事件的看法，以及在特定的时间段内在一定程度上改变那个事件造成的结果。

Q 问题 98

什么样的家庭环境有利于促进孩子的语言发展？老师应该如何帮助孩子？

当然是对孩子的教育比较宽容的环境，允许孩子善于自己去发现的家庭环境，更有利于孩子的成长，特别是有利于孩子的语言发展。观察孩子语言的发育，都有一个“咿呀学语期”，类似“火星语期”。这时候，如果家长觉得火星语没有意义就不理孩子，或者赶紧用正确的发音来纠正孩子，想引导正确的语言出来，无形中就剥夺了孩子咿呀学语的过程——剥夺了孩子进行交流的工具和欲望，因此这样的做法就不利于孩子的语言发展。

还有的家长竖着耳朵特别想听明白孩子的“火星语”，也不利于孩子的发展。因为孩子知道自己此时说得还不清楚，可是随着课程的推进，他这个时候产生了表达欲望，他又想自我练习发展语言，想用“咿呀哇啦”的“火星语”带出自己的语言。看见家长着急纠正自己，那孩子就不敢在家长面前说了，担心家长不满意。于是孩子可能会选择再沉默一段时间，等自己准备得更好了再表达吧。此时来形容家长，就是“欲速则不达”！

所以这个时候，大人要很善意地去聆听他，并和他互动。他咿呀咿呀，大人也要和他一样咿呀咿呀，有时候他咿呀说得很长，大人可能根本模仿不来，那模仿后面的几个音就行了。他能感觉到大人虽然没听懂，但还是非常愿意跟他互动，心里是暖的。终于，突然某一天他就会蹦字碰词儿了，他的

“火星语”当中就有你能听明白的一些字词了。也许有的字发音不是特别准，但随着时间的推移，你会发现发音越来越准。他的认知已经提高到比较高级阶段的时候，大人要给他创造更好的语言环境来拓展孩子的语言内容，防止他出现新的刻板语言现象。

例如，一个宝贝刚来走不稳路，脑袋抬不起来，脖子是软的，没有眼神，没有对视，说什么都没有反应，喊名字也没有反应。现在孩子有了字词表达，很机灵，还可以护东西，去跟人家抢妈妈。他得到自己妈妈的爱，还要抢别人的妈妈的爱。现在大家都认为他进步大，他妈妈也很开心。孩子认知的进步和语言的进步在同步发生!

新的阶段出来了，我们怎么应对？根据马斯洛理论的前三个需求层次，对于刚进来的孩子，要从兴趣、安全感方面提高正能量，降低负能量。对于已经来了一段时间的孩子，他的认知和前庭觉都有一定程度发育的时候，我们可以采取改善他的社交环境和他的语言环境，仍然要遵循马斯洛的需求层次理论。我们认为前三个层次的需求是最重要的基础。

孩子在课堂里面，一般都是找跟他程度差不多的孩子交朋友。在他的能力没有达到的时候，我们老师不能生硬地给他创造交往的机会，但是一旦他有了交往意识，我们老师也不能拦住他，而是要巧妙地给他们创造交往的氛围，引导他们一点一滴地接触，逐渐达到若即若离的交往瞬间，当他们尝到交往的乐趣时，继续引导，逐步达成交流和交往互相激励、共同提升的程度。

比如，他眼睛瞄谁一眼，说明这个时候他可能开始关注人了。我们的课程就是在培养孩子对人、事、物的应对和处理。但是他发展的顺序是倒过来的，即刚开始他是从关注物开始的，然后逐渐发展到关注事，逐渐再到关注人，对人感兴趣。他开始瞄人、关注人了，说明他给出信号了，需要我们老师细心地去捕捉，同时要给他们创造合适的交往条件和氛围，以促进孩子的语言交流和社交能力的发展。